餐厅
经营管理
一本通

刘晨◎编著

北京时代华文书局

图书在版编目（CIP）数据

餐厅经营管理一本通 / 刘晨著. -- 北京：北京时
代华文书局，2017.11
ISBN 978-7-5699-1659-1

Ⅰ．①餐… Ⅱ．①刘… Ⅲ．①餐馆－经营管理 Ⅳ．
①F719.3

中国版本图书馆CIP数据核字（2017）第136293号

餐 厅 经 营 管 理 一 本 通
CANTING JINGYING GUANLI YIBEN TONG

编　　著｜刘　晨

出 版 人｜王训海
选题策划｜马剑涛
特约编辑｜吴海燕
责任编辑｜李凤琴　汪亚云
装帧设计｜润和佳艺
责任印制｜刘　银　王　洋

出版发行｜北京时代华文书局 http://www.bjsdsj.com.cn
　　　　　北京市东城区安定门外大街136号皇城国际大厦A座8楼
　　　　　邮编：100011　电话：010-64267955　64267677
印　　刷｜北京龙跃印务有限公司　010-61480644
　　　　　（如发现印装质量问题，请与印刷厂联系调换）

开　　本｜710mm×1000mm　1/16　印　张｜16　字　数｜220千字
版　　次｜2017年11月第1版　　印　次｜2017年11月第1次印刷
书　　号｜ISBN 978-7-5699-1659-1
定　　价｜49.80元

前言
PREFACE

投资餐饮业，规模可大可小，可以独立经营，也可以与人合作经营，而且利润丰厚，投资回报周期短，开业即可赢利，因此成为许多创业者的首选项目。许多名不见经传的小餐厅迅速发展为年营业收入超过千万元的著名餐厅，缔造了一个又一个神话，吸引了无数投资者的目光。

不过，餐饮业竞争激烈已经是一个不争的事实，经营管理一家餐厅没有想象中那么简单，甚至有人说，在餐饮业做两三年才算入门。的确，从餐厅定位、选址、招聘到办手续、采购、营销等，涵盖众多内容，可谓包罗万象，每项内容、每一个程序都是餐厅从业者需要认真学习和掌握的。

例如，在经营管理的过程中，经营者会遇到各种问题，也许是找不到合适的厨师，也许是不知道去哪里办理手续，也许是不懂如何做宣传，也许是不会处理与顾客之间的冲突。总而言之，经营者需要通过全面的学习指导，才能处理好经营中遇到的一切问题。

常言道："隔行如隔山。"每一个行业都有它的学问，盲目进入一个行业，最后很可能以失败收场。新开的餐厅如雨后春笋，因经营不善而关门的餐厅也比比皆是，这让许多初入行的餐厅经营者既跃跃欲试又惶恐不安。

尤其是在经营的过程中，有的餐厅前一段时间还顾客盈门，突然间就生意萧条，眼看着前来消费的客人一天比一天少，只能干着急；有的餐厅则频繁地被顾客投诉，被指存在安全、卫生等各种问题，却又找不到解决问题的方法；有的餐厅为了营销，投入大量资金做宣传，却收效甚微，导致投入的资金都打了水漂。

面对以上种种情况，我们精心编写了《餐厅经营管理一本通》一书，旨在为餐厅从业者提供实用、全面的指导，帮助餐厅从业者经营管理好餐厅。书中内容丰富，涉及餐厅经营管理的各个方面，尤其是总结了无数餐厅经营者的从业经验，并且列举了大量的真实案例，以超强的实用性给了餐厅从业者全面的指导，相信它能帮助餐厅经营者管理好餐厅。

目录
CONTENTS

第一章
开餐厅前的准备

古人云："兵马未动，粮草先行。"开战之前要做好各项准备才能取胜。同样的道理，开餐厅前也要做好准备才能保证餐厅持续赢利。例如，做好商圈调查，进行投资预算，想好是独立经营还是合伙经营，以及承接转让餐厅等事宜。只有考虑周全，才能成功开办一家餐厅。

商圈调查

商圈，通俗地说，就是愿意来店消费的顾客所形成的地理范围。一般来说，地段不同，商业特点不同，所形成的商圈也不同，餐厅的经营模式自然也有所区别。也就是说，商圈的类型不同，层次不同，适合的经营方式也各不相同。

所以说，进行商圈调查与餐厅今后的生存和发展有直接关系，事关餐厅的生死存亡。只有通过商圈调查，才能知道该商圈是否适合开餐厅，从而降低投资风险，减少不必要的经济损失。所以，在锁定店址之前，一定要明确商圈范围，用科学的方法和严谨的态度调查商圈的消费潜力。

那么如何进行商圈调查呢？

商圈调查首先要做的工作就是调查客流量，还要调查这些人是常住客源还是流动客源，并通过调查他们的饮食习惯和经济水平来预测有多少潜在顾客。

崔先生辛辛苦苦积攒了一笔钱，想找个客流量大的地方开餐厅。没有开店经验的他不懂得商圈调查的重要性，发现一条街道的人流量非常大，就盲目地在那里租了一家店面，签了三年的租房合同。可是，他怎么也想不到，餐厅开业的第一个月生意兴隆，常常忙不过来，之后就冷冷清清了，甚至几天才进来一两位顾客。

崔先生只能忍痛将餐厅关了，自己辛辛苦苦攒下的钱就这样打了水漂。一次性交了三年的房租，跑前跑后办理各种手续，没想到竟然落得个这样的下场。

原来，罪魁祸首是他开餐厅之前没有调查商圈。之前人流量大，是因为附近有一个建筑队，随着项目竣工，建筑工人离开，客源就没了。正是因为崔先生没有经过调查就盲目开餐厅，才导致新开的餐厅很快就倒闭了。

开餐厅前，一定要多考察几个地段，调查一下商圈内有多少潜在消费者。如果附近有商场、旅游景点、车站、学校或集中办公区，一般适合开餐厅。因为这样的地方每天都有稳定的客流量，如果能够掌握先机，率先在这里开一家餐厅，生意通常会非常火爆。

另外，商业活动频繁的闹市区以及人口密度高的居民区，也适合开餐厅。

不过，仅有客流量还不够，还应该注意同行业的竞争情况。如今，各个城市都出现餐厅跟风的现象，大家都往一处挤。这种扎堆式开餐厅的模式给顾客提供了更多的选择，无疑可以扩大商圈，吸引更多的顾客。但是，这种模式的竞争力也比较大。下面举一个简单的例子来说：

顾客A想吃早餐，在第一家买了油条，也就不会去第二家买小笼包，同时也不会去第三家买炸糕。如此一来，所有卖早餐的店铺都成了竞争对手。但是，第二家和第三家早餐店的入驻可以吸引更多顾客，把顾客B、顾客C和顾客D都吸引过来，因为他们让顾客有了更多的选择。

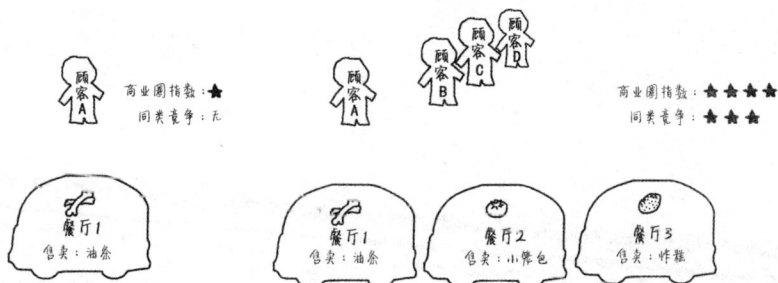

第一家油条店原本只有顾客A，如今却多了顾客B、顾客C和顾客D。但是，第二家小笼包店和第三家炸糕店的到来无疑增加了第一家油条店的竞争压力。所以扎堆经营餐厅的好处是能够吸引更多客人，弊端是竞争力增加了。

因此，开餐厅之前，一定要考虑好这个问题，调查一下商圈内同类餐厅的竞争力，如果自己的餐厅入驻这个商圈，有多大把握把顾客吸引过来。假如自己的餐厅不具备竞争力，就要慎重考虑。

经营者要明白：如果不是特别有竞争力的餐厅，就不要幻想做商圈里的霸主；如果不是不可替代的餐厅，就不要幻想顾客从十几公里外专门打车来你的餐厅消费。选定一个合适的商圈，以餐厅为中心，划定一个不超过1公里的圆，锁定餐厅的目标客户群，才是符合自身利益的。

做商圈调查时，除了调查流量、地段、同行业的竞争情况外，还应该详细调查一下该区域的餐饮市场的消费特性，例如习惯性消费地点、消费时间和人均消费额等，以及该商圈后期是否有可能陆续出现比较强劲的竞争对手，自己的餐厅是否有足够的实力不断接受后来者的挑战等。如果这一切都具备了，就可以顺利地开业了。

投资预算

"不打无准备之仗"，想要胜算大一些，就要未雨绸缪，提前做好各项准备工作。开餐厅也一样，投资人需要考虑到方方面面，尤其是投资前的预算工作。

投资预算是餐厅经营者经营餐厅必不可少的一项工作。只有做好投资预算，餐厅经营者才能准确把握自己的资金是否满足需要，从而做出正确的决策——是放弃经营还是选择筹措资金。

通常情况下，没有投资预算经验的创业者只预算餐厅租金、装修费用、采购费用、人员工资等必要的支出费用，而忽略了许多细节性投资项目。这种做法太过草率，往往会陷自己于尴尬的处境。怎样做才是正确的投资预算方法呢？那就是要列出具体的明细，把诸多烦琐的项目都列出来，争取做到无一遗漏。

投资预算专业性比较高，餐厅投资人最好不要亲力亲为，否则测算出的数据很可能没有参考价值，也许实际的装修费用偏高，也许用工成本过高，也许租赁场地的费用估算不足。可以邀请一些有专业知识的专家，或请教经验丰富的亲朋好友。通过预算，可以大致推算出总投资金额，还可以看出哪一项可以节省开支，哪一项需要加大投资力度。

所以说，想要投资成功，就要做一份详尽的投资预算，估算整个项目需要投资多少资金，再根据自身实力选择适合自己的投资规模，预防因为投入太大而导致资金周转不开的情况。

通常情况下，位于黄金地段的餐厅店面租金较贵，需要投入的资金比较大；规模比较大的餐厅需要投入更多的人力、物力和财力；档次较高的餐厅装修水准高，服务水平高，自然也需要投入更多的资金。

总的来说，做投资预算需要考虑以下几个项目：

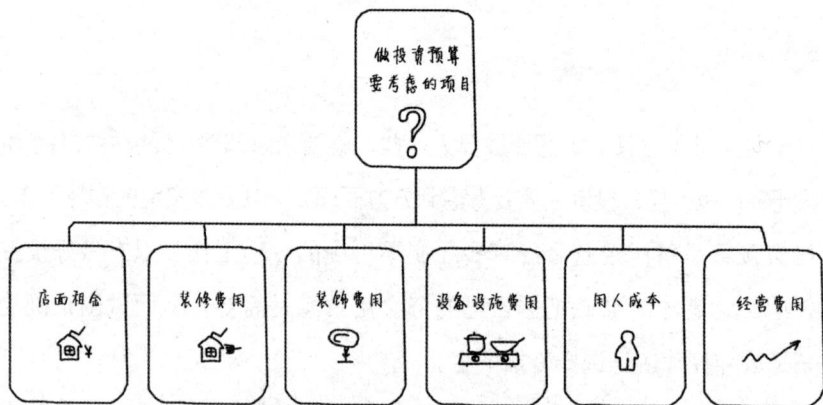

1. 店面租金

预算一家店铺的店面租金之前，首先要注意相关部门有没有给该店铺下发整改或搬迁通知书，如：消防整改通知书、环保整改通知书或限期搬迁通知书。如果店铺本身存在问题，就要慎重考虑是否换一家店铺。

要和租赁人或转租人约定租金和租用期限，并形成书面合同。预算店面租金时，不要忽略了车位、公共设施等费用。押金、卫生费等都要考虑在内。

2. 装修费用

装修费用应该包括设计费、装修材料费、装修工人工资、水电工程、暖气工程等费用，还要考虑拆除旧墙、修建新墙的费用，铺设地板的费用，粉刷墙壁、大门的涂料费和油漆费等。

3. 装饰费用

装饰费用是指店面的各种装饰所产生的费用。一般包括图画、灯饰、工艺品、盆景等费用，以及招牌、图标等费用。

4. 设备设施费用

主要包括燃气设施、消防设施、排烟设施等费用，还包括厨房炉灶、厨房餐具、厨房橱柜、厨房电器、厨房机械等设备，以及冷藏设备、防火设备、监控设备、音响设备等费用。

5. 用人成本

用人成本包括总经理、人事、财务、采购、大堂经理、收银员、服务员、传菜员、厨师、保安等人员的工资，以及为员工缴纳五险一金的费用。另外还有员工的食宿费用、交通工具补助费用、节假日礼品费用和年终奖等。具体的用人预算标准可以参考同类餐厅相应岗位的平均工资标准，再根据实际情况酌情增减。

6. 经营费用

经营费用主要包括原料采购费用、广告投放费用、营销费用、员工培训费用、设备维修费用、差旅费、公关费、通信费、设备损耗费、工装费等。

独资经营或合伙经营

凡事皆有利弊，无论是独资经营，还是合伙经营，都有它的优点和缺点。选择经营模式时，投资人应该注重实际情况，根据自己的需要和经济条件选择合适的经营模式。

独资经营

所谓独资经营，顾名思义，就是投资人独自出资。

1. 优点

（1）独自占有在经营中获得的利益，不用和其他人分享，更符合投资人追求利益的目的。许多投资者之所以选择独资经营模式，就是因为可以自己做老板，自己一手抓管理。

（2）这种经营模式比较灵活，投资人可以在市场发生变化时及时调整经营方式，从而保证一直按照自己的思路经营管理餐厅。这种经营模式下的餐厅属于个人拥有和经营，所以可以完全按照自己的理念经营，避免因为经营理念不同而和合伙人发生矛盾，规避合伙人撤资带来的危机。

（3）这种模式的餐厅保密性高，不用担心合伙人把商业秘密泄露给竞争对手，不用害怕竞争对手掌握自己的账目情况。

（4）独自经营的餐厅需要的成本比较低，所以很容易就可以创立。一旦遇到经营不善，投资人想要转行的情况，不需要同合伙人商议，自由空间比较大。

2. 缺点

（1）个人的资金有限，餐厅的规模自然不会太大，也就限制了餐厅的发展。另外，这种模式下的公司财产和个人财产被绑定在一起，所以餐厅经营过程中遇到经济问题时，按照法律规定，投资人必须拿出个人财产偿还由于经营不力而欠下的债务。假如餐厅倒闭，投资人失去的不只是全部投资，还有可能失去个人积累的财富，给家庭带来危机。

（2）假如投资人缺乏管理经验，不具备经营餐厅的专业知识，就不得不高薪聘请有经验的管理人员。这样一来，增加用人成本事小，餐厅的经营风险会大大增加。如果投资人因为丧失工作能力而不得不退出，家庭成员中又没有合适的人来接替，餐厅的经营也就走到了终点。

合伙经营

一些人对合伙经营比较感兴趣，经常会选择那些关系比较密切的人合伙经营餐厅。比如刚创业时，一个人的资金或经验有限，往往不具备开一家餐厅的实力，这时候合伙经营就成了一个很好的选择。

那么，什么是合伙经营呢？它是指两个或两个以上的投资人以合作伙伴的形式共同出资，每个投资人都必须履行自己应尽的义务。

1. 优点

（1）合伙经营可以解决资金不足的问题。因为人多力量大，两个或多个合伙人合作经营，可以弥补一个人经营资金不足的缺陷。资金充足，餐厅的规模也就会相应增大，经济效益自然会有所提高。

（2）合伙经营可以集众人之力，结合大家的智慧和经验共同经营管理餐厅，这样可以提高餐厅的经营管理水平，为餐厅的发展奠定一个良好的基础。管理人员可以划分各自的职责，让大家各尽其职，这样能让餐厅的日常管理变得简单有效。

2. 缺点

（1）两个或多个合作伙伴共同出资经营，任何一个合作伙伴的突发因素都会导致餐厅倒闭。例如，其中一位合作伙伴由于家庭经济状况出现问题而要撤资，或由于丧失工作能力而要退出，不管是哪一方退出，对其他合作伙伴来说都是一场灾难。

（2）任何人都无法保证所有合作伙伴的经营理念都能保持一致，在经营管理上发生分歧的概率将大大增加。合作伙伴之间的冲突是餐厅经营管理的最大难题，也是餐厅发展的最大隐患。

总之，开餐厅之前，投资人必须慎重考虑，综合两种经营模式的优缺点做出合理的选择。如果自己资金充足，有能力一个人经营好餐厅，可以选择独资经营的方式；如果投资人缺乏资金，或希望开一家大型餐厅，或不具备一个人经营的能力，则可以考虑合伙经营的模式。

直接盘店经营

开一家新店，一切都要从零开始，从租用店面到设计装修都要亲力亲为，不但需要花费较长的时间，而且投入的资金也较多。盘店经营则不然，盘店经营投资金额相对较低，只需要稍微装修一下就可以直接经营，能节省一大笔开店费用，而且很多前期的准备工作已经做好了，不需要投资人付出太大精力，所以盘店经营深受投资者的青睐。

有些盘来的店比较好，接手经营后立即就可以赢利。如果投资人独具慧眼，不妨盘店经营，这样可以省时省力，在最短的时间内开一家餐厅，而不用浪费过长时间开一家新店。

新开的餐厅由于不被人熟知，前期市场还没打开，往往有一段时间顾客比较少，开业初期会比较冷清。每一个投资人都担心出现这个问题，害怕新开业餐厅因为缺乏客源而难以渡过这个难关。

盘店经营则可以避开这段时期。由于以前的店已经有了一定的经营基础和一定的客源，可以为前期开拓市场、引进客源节省不少精力和财力。把店盘下来之后，优势和资源都可以为我所用。在老餐厅的基础上，投资人只需要稍加改进，就可以打响新餐厅的知名度，从而降低不少经营风险。

不过，盘店经营的缺点也很明显。既然是要盘让的店面，说明生意并不太好，经营者需要弄明白生意不好的原因，并评估自己有没有改变这些因素的能力。综合考虑布局、地理位置等因素，判定盘来的店是否适合开餐厅。一般来说，盘店经营时，要注意以下事项：

1. 全面考虑问题

单从表面上看，有些餐厅地理位置优越，生意兴隆，来往顾客络绎不绝，但是租金非常高，赚的钱大多数交了租金，属于自己的利润却非常少，或者顾客的多少有明显的季节性差别。对此，投资人一定要全面考虑问题，不要因一时脑热做出错误的决定。

2. 一定要更换店名

要转让的餐厅生意一般不太好，所以原餐厅的名字没有足够的吸引力，假如新老板盘来的店依然沿用原先的店名，路过的顾客就会觉得还是以前那个老板，也就会想当然地觉得菜品没变，怎么会愿意进去消费呢？想要改变这种现象，重新拉回流失的顾客，就要更换店名，有一个崭新的开始。只有这样，曾经流失的顾客才能知道原来的老板已经换了，才会产生进店消费的意愿。

3. 调查有无欠款

盘店时，应该调查原来的餐厅是否有一些欠款还没有偿还。例如水电煤气费、工作人员的工资、买菜时的欠账等。正所谓"害人之心不可有，防人之心不可无"，投资人应该多长个心眼，在付款时预留一部分尾款，等查明没有任何问题或经营一段时间没人来要账时再结清尾款。或者和原先的餐厅老板签订协议，规定原先的一切债务都由他承担。

4. 及时更改租约和营业登记

店面盘下来之前，最重要的是和原先的老板划清界限，切断利益往来，以防日后给自己带来不必要的麻烦。所以，应该先和房东联系，重新商量租金，规定新的租金和租期并形成书面合同，以防日后因为租金、租期问题和房东发生矛盾，影响自己的生意。一切证件都要重新办理，摆脱和之前经营者的利益牵扯，以避免给自己带来不必要的麻烦。

5. 举行开业典礼

盘下店之后，不能只更换店名，还要举行开业典礼，争取越热闹越好，以吸引新老顾客，通过举行开业典礼让大家都知道这是一家新店。这样，既能为现在的餐厅做促销，又能引起老顾客的关注，让他们支持新开的餐厅。不过，开业一定要谨慎，最好有一个试营业的过程。在试营业期间，不可太张扬，最好低调一些，这样做是为了让工作人员熟悉工作流程，不至于中间出现纰漏。太张扬有两个缺点：一个是出现问题时坏名声宣扬的范围比较广，二是餐厅内的工作人员很难做好协调工作。应该等试营业过去之后，再举行开业典礼，加大宣传力度，隆重推出新开的餐厅。

承接转让餐厅的注意事项

如今，店铺转让的广告随处可见，有的店铺声称地段好，接手就有稳定的客源，有的店铺声称多年来一直是旺铺，有固定的消费人群和回头客。但是，天上真的会掉馅饼吗？

一些刚创业的人，看到附近的旺铺发出转让信息，往往不经过深思熟虑就承接过来。这些刚创业的人缺乏创业经验，看到店铺平时生意兴隆就觉得能赚钱，认为这是上天给自己的绝佳机会。其实，这种着急转让的店铺也许是一个陷阱，专等着那些缺乏经验的人跳进去。因为原经营者转让店铺时习惯隐藏真正的原因，故意发布虚假广告，误导他人钻入圈套。

许多店铺之所以要转让，是因为难以继续经营下去，经营不错的餐厅也只是勉强支撑，所谓的旺铺转让不过是一个陷阱。比如故意贴出"家有急事，低价转让"的广告，实际上却是因为店铺本身没有什么发展潜力，继续开下去只会入不敷出。甚至一些店铺将要拆迁，依然贴着"家有急事，低价转让"的广告。如果不明白转让的原因就盲目接手，很容易上当受骗。

其实，所谓的"家有急事"，就是"生意不好，被迫转让"的幌子。这样的店铺开业前没有做市场调研，所在的地理位置根本不适合开餐厅，却盲目地把餐厅开在那里，事后生意不好，只能贴出"家有急事，低价转让"的广告，希望有人接过这烫手的山芋。这种店铺奉行的是，与其一直赔钱，不如低价转让给别人，能赚多少是多少。

小马是一个刚毕业的大学生，第一次创业，希望接手一家转让的餐厅。他发现了一家餐厅的转让信息，又看到这家餐厅的生意兴隆，就不顾昂贵的转让费，毫不犹豫地接手了。

小马接手后很快就开始赢利，生意非常火爆。可是，他万万没想到，才过了一个多月，房东就把租金抬高了，每年要多交五万元。小马虽然不高兴，但是看到店里的生意不错，就忍气吞声地多交了五万元。可是，一年之后，房东又要抬高租金。小马傻眼了，陷入骑虎难下的境地，不知道该不该把这个旺铺转让出去。

许多人都吃过这样的亏，生意火爆后，房东看着眼红，觉得应该抬高租金，因此要求餐厅经营者交纳高昂的房租。面对这种情况，选择餐厅地理位置之前，投资人一定要考虑全面，不能只和转让人接触，还要联系房东，约定未来几年内的房租。尽量把时间约定为5～10年，这样就可以把主动权掌握在自己手中，避免房东随便加租。假如提出的条件无法得到房东的认可，投资人又觉得这个机会不容错过，不妨和房东约定涨租的范围和频率，如果双方无法达成一致，就只能放弃了。

除此之外，报表和账单也是承接餐厅时需要注意的问题，因为在报表和账单上作假不是什么难事，越是表面上看起来没什么问题的账单，越容易出一些问题。转让人也许会故意隐瞒某些欠款，单从财务报表中根本无法发现其中的问题。有些投资者事前无法察觉，接手后不得不替人偿还债务。因此，投资人应该和转让人签订合同，明确规定债务负责人。

最后，在确定承接餐厅时，还应该检查一下店内的设备和机器能否正常使用。大部分投资人接手转让店铺的目的是省一笔费用，却忽略了设备和机器能否正常使用，也没检查设备还能用多少年，需要投入多少资金进行维护。甚至有些投资人没有仔细察看店铺情况，事后才发现店铺存在这样或那样的问题，需要投入一笔不少的资金进行修缮。

总而言之，承接餐厅前要擦亮眼睛，不可轻信看到、听到的信息，避免上当受骗。另外，还要多留个心眼，注意以上各个事项，谨防掉进各种潜在的危机中。

第二章
餐厅的准确定位

　　不同的消费者需求层次不同，定位就是选择要为哪些消费者服务。开餐厅首先要有准确的定位，了解顾客希望满足哪种需求，然后根据顾客的需求提供产品。许多餐厅经营失败都源于定位不准确，以至于后期的选址、设计、装修等工作受到影响，所以餐厅的定位一定要准确。

特色餐厅

创新在各个行业都是必不可少的，餐饮业也不例外。在竞争激烈的餐饮市场中，推陈出新成了许多餐饮店的新选择。例如在餐厅中融入多种创意元素，开一家特色餐厅就是一个不错的选择。

那么，作为经营者可以开设哪些特色餐厅呢？主要有以下几种：

1. 减肥餐厅

爱美之心人皆有之。如今，许多人都以瘦为美，追求魔鬼般的身材。减肥器材销售火爆，减肥药物受到许多减肥人士的推崇。同样，开一家减肥餐厅，也许能吸引不少顾客。

做市场定位时，应该把目标锁定为女性，因为女性永远都是减肥的主要人群。所以，开减肥餐厅应该围绕这一点进行，从选址装修到食物选择，都要有强烈的吸引力，把她们吸引过来。一般情况下，可以选择一些低热量、低脂肪、高营养的食物。可以聘请一位营养方面的专家，请专家指点制作菜谱，也可以模仿其他减肥餐厅，向行家取经。

2. 素菜馆

生活水平提高了，健康越来越受到现代人的重视。因此，吃什么最健康成了一个非常重要的关注点。许多人都成了素食者，刻意不吃肉，特别是那些担心动脉硬化、高脂肪、高血压、牙口不好的老年人，更青睐吃素菜。在这种背景下，素菜馆便应运而生。

素菜馆本身就是一个创新，如果再增加一些特色元素，就更能赢得大家的青睐。假如素菜馆推出几道招牌菜，肯定能吸引不少顾客。

值得一提的是，素菜馆的选址是一门学问。可以开设在寺院、道观云集的地方，这样就让餐厅有了针对性，降低了风险。

3. 野菜餐厅

普通的菜几乎每家餐厅都有，大家已经司空见惯，所以竞争很大。相反，野味餐厅比较有特色，日常生活中不容易见到，更容易招揽顾客。

野菜由于自然生长于野外，没有被喷洒农药，没有添加任何危害健康的添加剂，所以成了最好的绿色植物，安全性很高。在中国，野菜的种类多达300多种，其中富有营养的多达100多种。其实，野菜不仅营养丰富，还有很高的药用价值。在这个人人注重养生的时代，开一家野菜餐厅无疑是一个很好的选择。

4. 儿童餐厅

现在的孩子都是小公主、小皇帝，深受家长的宠爱。许多家长宁愿自己省吃俭用，也不肯亏了孩子。在这种背景下，儿童餐厅诞生了。

开一家儿童餐厅，可以选择天然绿色食材，根据儿童的口味制定菜品。还要注重营养、美味相结合，同时带有一些趣味性，把吃和玩结合起来。例如，把食物做成可爱的卡通形象，或者做成小动物的样子，给菜品起一些令儿童好奇的名字等。还可以制定一个促进消费的策略，消费一定金额就附赠小玩具，肯定能赢得无数小宝贝们的喜爱。

5. 文化元素相结合的餐厅

在北京市昌平区，有一家汉风唐韵文化生态餐厅。在设计方面，汉、唐时期的文化成了主要元素。餐厅内部是汉代建筑风格，里面亭台林立、绿水环绕，充分展现了生态美。甚至餐厅里的包间和景观也运用了汉代地名，如听鹂馆、铜雀台等。

像这种与文化元素相结合的餐厅，给人一种新奇、神秘的感觉，成了招揽顾客的重要元素。餐厅经营者可以在餐厅内摆放一些具有文化元素的物品，肯定能吸引一大批顾客前来消费。

除了这些硬件结合文化元素外，还可以在菜品上下一番功夫，推出一些与历史文化相结合的特色菜品。每个人都有好奇心，这种新奇的餐厅肯定能激发顾客的兴趣，把他们吸引到餐厅中消费。

特色餐厅以新颖取胜，很容易和普通餐厅形成鲜明的差异，给顾客留下深刻的印象。这种餐厅满足了食客们追求新鲜事物的好奇心，容易形成品牌效应，从普通餐厅中脱颖而出。不过，它的缺点也很明显。因为它针对的并非普通大众，而是特定人群，所以会失去一部分顾客。而且这种特色餐厅容易被复制，一旦生意火爆，很容易引起竞争对手的关注，辛辛苦苦的努力也许会成为模仿行为的牺牲品。

大众餐厅

　　想开一家大众餐厅，就要明确餐厅服务的对象为普通百姓。普通百姓选择的不是新奇，也不是档次，而是经济实惠。所以，开大众餐厅最重要的是让人觉得经济实惠。

　　在装修上，应该刻意追求朴实、简洁的风格，而避免奢华、华而不实的装修风格，因为餐厅面对的是低消费群体，奢华的装修风格容易把顾客吓跑，让他们不敢进店消费。不过，装修也不能太简陋，否则无法吸引顾客。

　　开大众餐厅还要注意以下事项：

　　1. 菜品多样化

　　所谓"众口难调"，每个人的饮食习惯不同，口味千差万别。大众餐厅面对的顾客是多种多样的，所以要照顾每一种人的饮食习惯。不仅要追求特色菜品的专和精，还要追求普通菜品的多和广。多样化的菜品提供了多样化的选择，可以覆盖各种饮食习惯的人群，不至于因为所设菜品不符合某一个群体的饮食习惯而失去这些顾客。

　　在这一方面，可以借鉴山西面馆和沙县小吃的做法。这两种小餐馆为顾客提供了多种美食，顾客选择的余地很大，所以顾客也很多。假如餐厅的规模很大，可以走菜品多样化的模式，针对不同饮食习惯的人制定不同的菜品。

2. 价格低廉

大众餐厅面对的是低消费群体，他们基本不愿为吃饭花费高昂的费用，所以价格高昂是大众餐厅的大忌。想要吸引更多顾客，就要走价格低廉的路线，不能盲目抬高价格。制定价格时，可以参考市场上其他同类餐厅的平均价格，再根据实际情况做适当的调整。如果制定的价格比同类餐厅低，不妨写在餐厅门口，以此作为吸引顾客的一种手段。虽然价格低廉可以吸引更多消费者前来消费，但是不能以利润减少甚至亏损为代价，因为开设餐厅的目的是为了赢利，追求利益最大化永远是最重要的目标。因此，价格低廉是必要的，保证利益最大化也是必要的。

由于大众餐厅菜品的价格低廉，利润空间比较小，所以要在保证质量的前提下千方百计压缩成本。在采购、劳动力成本等方面缩减开支。

3. 服务要好

经营管理大众餐厅时，不能因为它是大众餐厅就不注重服务质量。应该找一些高素质的服务员，提高餐厅的服务水平。对于这种大众餐厅来说，服务水平的高低直接影响餐厅的生存，高水平的服务能提高餐厅的竞争力，使它在与其他餐厅的竞争中脱颖而出。

服务员的专业素质要高，对餐厅的各种菜肴和酒水都要了如指掌，可以为顾客提供点餐和讲解服务。最好是机智灵敏的服务员，既可以在遇到突发状况时巧妙应对，又可以适时地和顾客沟通，与顾客拉近关系。

4. 就餐环境要好

影响顾客食欲的首先是用餐环境，因为顾客进入餐厅之后，先看到的是餐厅的环境。大众餐厅的就餐环境不需要多么富丽堂皇，只需要有一个固定的风格，不影响顾客就餐就行。可以多做一些调查，询问顾客对就餐环境有什么要求，再根据顾客的要求做一些改进。为顾客营造温馨的就餐环境，不仅能让顾客享受美食带来的快乐，还可以让顾客感觉亲切和舒适。

　　如今，大众消费已经成为餐饮市场的主流，不少餐厅都已经改变经营模式，转型到大众餐厅，希望通过转型实现利润最大化。相比高档餐厅，大众餐厅发展趋势好，生命力旺盛，是初次投资餐饮行业的极佳选择。

自助餐厅

在许多城市，自助餐都非常流行。自助餐之所以受到人们的喜爱，是因为自助餐厅的气氛比较轻松，也比较时尚。同时，自助餐的菜品种类繁多，可供选择的范围很广，每位顾客可以按照不同的偏好选择，解决了众口难调的难题。

一般来说，自助餐厅的形式可以分为两种。其中一种是顾客一次性支付一定的费用，然后可以随意选择食物的种类和分量。这种是比较常见的形式。另外一种是顾客选择好食物的种类和分量后，收银员按照顾客所选的种类和分量收费。这两种都属于自助形式，都节约了用人成本，间接为自助餐厅创造出更多利润。

相比普通餐厅，自助餐厅的成本很低。由于食客都是根据自己的口味自己动手，所以服务员、厨师的人数减少了，而且其工作量也减少了很多。如此一来，餐厅的成本也减了不少，利润空间因此而变大。

自助餐厅最重要的是给用餐人员充分的自由，把选择权完全交给顾客，吃什么，吃多少，添加什么作料，这些都交给顾客自行支配。由于食物的口味是顾客自己调制的，所以就算难吃，也没法赖到厨师头上。这就减少了顾客和服务人员之间的摩擦。

自助餐厅的风险非常低，利润却非常高，在餐饮业中，它是一个不错的选择。不过，自助餐厅有一定的适用范围，只能选择人群比较密集的大学院校、办公区、居民区和商业圈等，不适合追求速度的地方，也不适合人员不集中的地方。

有一点一定要注意，那就是自助餐厅的菜品要尽量多一些。假如菜品的种类太少，就会减少顾客的选择，这样不利于拉来回头客。选择的菜品也不能都是一些廉价菜，否则会造成顾客的流失。可以尽量增加菜品的种类，这样既能增加客户的选择，又能增加回头客。其实，增加菜品的种类反而有利于节约成本，因为菜品种类太少，顾客的选择很少，就会只选择那些价格很高的菜品。假如顾客只挑选那些高价食品，肯定会增加运营成本。比如，如果自助餐厅只准备牛肉和鸡肉，那么许多人都会只选择牛肉。如果准备牛肉、大虾、鸡肉、羊肉、猪肉，以及各种口味的饮料、各种各样的水果等，看似增加了成本，实际则是节约成本的做法。因为顾客肯定不会只选择牛肉，而是会选择一些饮料、水果，以及猪肉、羊肉之类的食物。

另外，自助餐厅受季节性影响比较大，比如烤肉。如果是夏季，一杯冰啤是烤肉的最佳搭配；如果是冬季，冰啤就会让人望而生畏。所以，为自助餐厅配置食材和饮品时，一定要充分考虑季节差异。夏季可以准备一些冰啤，冬季就要准备一些热饮。总之，准备的食材和饮品要随着季节的变化而变化。

有一家自助餐厅，把烤肉和火锅结合在一起，不管是夏季还是冬季，都能满足顾客的不同需求。这种相互结合的模式非常实用，降低了餐厅的经营风险。这是一种新的理念，也是一种创新。它打破了单一的就餐模式，回避了经营风险，给顾客更多选择。

综上所述，开自助餐厅，要给用餐人员充分的自由，把餐厅地址选在人员比较集中的地方，为顾客准备的菜品要多样化，在不同季节提供不同饮品，并注重模式创新。只有这样，才能把自助餐厅开得红红火火。

地方菜餐厅

中国地域广阔，各个地方的饮食习惯各不相同，都各具特色。地方菜主要有淮扬菜、浙江菜、福建菜、湖北菜、徽菜、湖南菜、四川菜、广东菜等，它们构成了中国菜的主体。在璀璨的中国传统文化历史上，地方菜具有举足轻重的地位，每一个地方几乎都有几道具有独特风味的地方菜。

因此，开一家地方菜餐厅，为顾客提供优质的服务，把地方菜推广到各个地方，既方便大家品尝各个地方的特色菜，又是一项很有前景的投资项目。开地方菜餐厅最重要的是突出地方特色，重点推出有名的地方菜。

菜系	口味特点	代表菜
鲁菜	清香、鲜嫩、纯正	烤大虾、清汤燕窝、糖醋黄河鲤鱼、九转大肠、麻粉肘子、奶汤核桃肉、干蒸加吉鱼、白汁瓢鱼等
川菜	麻、辣、酸	水煮鱼、水煮肉片、酸菜鱼、麻婆豆腐、鱼香肉丝、回锅肉、宫保鸡丁、怪味鸡块等
粤菜	口味清淡而不失鲜美	白切贵妃鸡、广州文昌鸡、东江盐焗鸡、蚝皇凤爪、雄鹰展翅、百花鱼肚、广式烧填鸭、冬瓜薏米煲鸭、佛手排骨、湘州南水捞鱼、红烩鱼翅、湘式肠粉等

续表

闽菜 （分三个 流派）	福州：鲜嫩、清爽、淡雅，偏酸甜 闽南：鲜醇、香嫩、清淡 闽西：鲜润、浓香、醇厚	福州：佛跳墙、煎糟鳗鱼、淡糟鲜竹蛏、鸡丝 燕窝等 闽南：东壁龙珠、炒鳖片、八宝芙蓉鲟等 闽西：油焖石鳞、爆炒地猴等
湘菜	酸辣、香鲜、软嫩	剁椒鱼头、永州血鸭、东安鸡、金鱼戏莲、宁乡 口味蛇、岳阳姜辣蛇、腊味合蒸、姊妹团子等
徽菜	原汁原味、清雅纯朴、酥嫩香鲜、 浓淡适宜	蜂窝豆腐、火腿炖甲鱼、雪冬烧山鸡、笋尖集 烧鸡、无为熏鸭等
东北菜	一菜多味、咸甜分明、滋味浓郁、 色鲜味浓、酥烂香脆	东北乱炖、地三鲜、猪肉炖粉条、溜肉段、锅 包肉、小鸡炖蘑菇、蔫骨架、杀猪菜等
淮扬菜	清鲜平和、咸甜浓淡适中	扬州炒饭、松鼠鳜鱼、清炖蟹粉狮子头、大煮 干丝、三套鸭、软兜长鱼、水晶肴肉、梁溪脆鳝等

　　了解了地方菜系后，在做选择的时候注意不要扎堆经营，选址时先调查当地是否已经有同类餐厅。地方菜餐厅不同于其他类型的餐厅，如果扎堆经营，就会分走一部分顾客，最后只会两败俱伤。所以，选址时应该避开同类餐厅，以免增加竞争压力。

　　此外，在地方菜餐厅的装潢上应该具有地方特色，融入一些当地特有的文化元素，给人一种耳目一新的感觉。不要忘记，餐厅正是靠这种具有地方特色的装潢吸引首次进来消费的顾客的。

　　当然，开地方菜餐厅，不能止步不前，还要开发新菜品，用创意提升餐厅的竞争力，用创新为餐厅注入新鲜的血液，让餐厅保持活力。地方菜餐厅要大胆创新，根据消费者的需要推陈出新。可以多吸取同类餐厅的经验，也可以向消费者请教，不断提升餐厅的服务质量。

　　不过，推陈出新也不能盲目地大步往前迈，而是要循序渐进。开发新菜品固然重要，但做好基础菜，守住根本也不可小觑。因为慕名而来的食客都是冲着地方菜来的，如果进入餐厅后吃不到那些有名的特色菜，就会大失所望。所以，地方菜餐厅要守住根本，做好这些特色菜。

快餐店

随着社会经济的飞速发展、人们生活水平的提高，以及大家时间观念的不断增强，快餐逐渐走入人们的生活。社会对快餐店的需求越来越大，快餐店已经成为餐饮行业的生力军，成为现代餐饮市场上的急先锋。它满足了广大人民群众的就餐需求，为餐饮行业做出了突出的贡献。

如今，快餐的市场需求居高不下，越来越多的投资人把目光投向快餐行业。随着西式快餐在各个城市成功开店并创下辉煌成绩，中式快餐也逐渐走进快餐行业。投资中式快餐需要的资金有限，经营管理比较简单，而且回收资金的周期比较短，所以出现一大批投资者投资中式快餐店。

经营中式快餐最重要的是选择合适的经营品种，因为它直接决定着快餐店的成败。以下四类最适合做中式快餐：

中式快餐	饭食类	炒饭、盖浇饭、烩饭等
	面条类	牛肉面、拉面、炸酱面、拌面、烩面、酸辣粉、过桥米线等
	面点类	蒸饺、虾饺、炸糕、烧麦、煎包、煎饼、老饼、小笼包等
	饮料类	奶茶、果汁、牛奶、酸奶等

这类食品方便快捷，顾客点餐后可以迅速制作而成，甚至可以立即提供给顾客，不至于让顾客等待很长时间。这种方便快捷的形式迎合了人们的需求，所以快餐逐渐成为上班族最喜欢的食品。另一方面，这种节省就餐时间的模式提高了餐桌利用率，间接增加了快餐店的营业额。

随着都市生活节奏的加快，快餐成了生活中必不可少的食品，在这种背景下，快餐店应运而生。快餐不一定是人们喜欢吃的食物，但一定是人们离不开的食物。速食理念已经成为当今时代的主题，快餐店的崛起折射出人们在饮食习惯上的改变，也反映了繁忙的都市人对快餐的需求。相比其他餐厅，快餐店的成本比较低，由于追求薄利多销的理念，所以盈利比较高。

那么，如何来经营快餐店呢？

首先，物美价廉是快餐的一个主要特点，所以快餐店的选址要讲究，不能选择太高档的地方。快餐店的定位及选址要以中低档为主，满足大众的需求，不能把目标瞄准高收入人群。中式快餐的服务顾客往往是那些工薪阶层，或大学院校类学生，因此，选择的地址应该在工厂、写字楼、学校附近。

其次，中式快餐适合那些没有太多资金的人经营，尤其适合那些下岗工人或低收入群体。一般情况下，两三名店员就可以开一家小规模的中式快餐店。不过，快餐店的店员要有明确的分工，只有这样才能各司其职，保证大家配合默契，工作效率一直很高。

最后，在经营快餐店时需要注意既不能让经营的品种单一，又不能同时经营太多品种，否则会显得自己的快餐店没有特色，也会加重厨房的工作量，最后导致整个快餐店运作困难。可以单独经营面条类或面点类食品，或者主要经营某一类快餐食品，并选择一两种食品做辅助。作为一个快餐店，经营的品种保持在10～20种最佳，千万不能什么品种都经营，却没有一两样精通的。

第三章
餐厅选址注意事项

　　有人把选址称作餐饮业的"圣经"，认为餐厅成功与否全赖于选址的好坏。但是，餐厅选址并不是一件容易的事情，尤其是对那些缺乏经验的创业者来说，选址更是一件让人头疼的事。选址需要关注人员密集、交通便捷、政策风险等各个方面的情况，可以说地址选得好等于成功了一半，经营者务必将选址作为准备工作中的重中之重来抓。

成功餐厅的选址之道

选址正确，餐厅就成功了一半。不过餐厅的选址工作并不是一件简单的事情。即便对那些连锁企业或久经商场的人来说，餐厅选址也是一件很难的事情，更不用说没什么经验的创业者了。大多数餐饮企业餐厅的选址工作都由餐厅老板本人负责，即便如此，同样避免不了这样或那样的错误。

餐厅的选址并不是以租金为唯一依据，不能认定那些租金高的店铺生意就一定好，更不能靠运气选择餐厅的地理位置，而是要考虑多种因素，考察各方面的综合条件。那么，成功的餐厅选址有什么窍门呢？

1. 小心谨慎

"小心驶得万年船"，不管怎么说，做事小心谨慎、三思而后行总不会有错。许多大型连锁企业都有庞大的选址团队，而不是靠老板一个人的智慧确定餐厅的具体位置。这些选址团队往往具有专业的素质，知道哪些因素能影响餐厅的成败，可以通过各种数据分析看出某个店铺是否适合开餐厅。最重要的一点是，这些大型餐饮企业选址团队可以承担选址失误造成的后果，避免餐厅投资者承担太大风险。而对于那些从来没有开过餐厅的创业者来说，选址无疑是一件令他们非常为难的事情。正因为选址令人为难，所以不能有"快刀斩乱麻"的思想，千万不能草率行事，而是要小心谨慎，全面考虑问题。

2. 寻找店址的门道

一些创业者抱怨找不到合适的店铺，其实市场上合适的店铺有很多，只是创业者没有找到门道。如今，随处可见餐厅转租或转让的信息，打开互联网，租房、转让的广告也到处都是，给创业者提供了很多选择。创业者可以通过互联网寻找转让信息，再通过实地考察和询问熟人的方式调查发布信息是否属实。一些具有丰富经验的投资者，可以发现那些看上去不可能开餐厅的地方，还能从各种渠道获知第一手房源信息，这些对确定餐厅地址都有很大的帮助。

3. 不要太受租金影响

俗话说："便宜没好货，好货不便宜。"租金高往往是因为餐厅坐落在繁华的商业区，或者地处人来人往的交通枢纽要道；租金低往往是因为地理位置不太好，所在位置比较偏僻，不是开餐厅的理想选择。假如二者必选其一，相信许多人都会选择租金高，但人流量比较大的地方。

地理位置优越、租金便宜的店铺不好找，因为餐厅投资人能看破这一点，房东和竞争对手也能看破这一点。正所谓"物以稀为贵"，钻石的价格永远都是居高不下，不可能卖出白菜价。同样道理，黄金地段的店铺租金也不可能与偏远地区的租金相提并论。

想在黄金地段找到一家租金便宜的店铺非常难，几乎等同于白日做梦，所以不要奢望轻轻松松找到一家地理位置优越，同时价格低廉的好店铺。黄金地段的店铺人们只会挤破脑袋争抢，不可能出现长期没人租的现象，价格自然不会太低廉。供求关系决定着租金多少，从某个方面来说，租金高恰恰说明供不应求。

不过，有些小店的租金非常少，可是前来就餐的人非常多，因此创造的利润也非常高。所以，不能说租金高就生意好，租金低就生意差。有些餐厅的租金虽然不高，但是生意非常好，甚至创造的营业额和利润远远高于那些租金很高的餐厅。

4. 找到聚集点

肯德基开店之前会先找调查团队考察商圈，甚至找出商圈内的人群聚集点。在他们看来，尽管商圈整体都比较繁华，但是每个商圈都有一个最繁华的聚集点。只要能把餐厅开在商圈内的聚集点，一般生意都比较好。所以，在商圈内最繁华的聚集点开店是他们的目标。

细心的人不难发现，有肯德基的地方，总能发现麦当劳的踪迹。这绝不是偶然，而是故意为之。既然肯德基已经找到商圈的聚集点，麦当劳就没必要耗费大量时间和精力继续寻找了，直接跟进就行了。这充分说明了肯德基找商圈的聚集点是成功选址的一个典范。

人员密集的地方

古人曾经说过："天时不如地利。"这充分表明地利的重要性。开餐厅更是如此，地理位置的好坏在一定程度上决定着餐厅的命运。投资人之所以把地理位置看得非常重要，就是基于这样的原因。人们还常说"一步差三市"，意思是开店地址差一步就有可能差三成的买卖，可见选择一个好的地理位置有多么重要。

1. **餐厅地址决定了市场的定位**

从某种程度上说，餐厅地址决定了餐厅客流量的多少，也决定了竞争力的强弱，顾客的消费结构和购买力大小无一不受其影响。只有选择的地理位置得当，餐厅才能具备优势，增加潜在客户的数量。商圈内的潜在客户数量增多了，餐厅生意兴隆就成了自然而然的事情。

2. **餐厅地址具有长期性**

租赁的店面也好，购买的店面也罢，餐厅的地理位置都不能轻易变动。一旦确定了餐厅的地理位置，投入大量资金就成了自然而然的事情。餐厅地址具有长期性，不能随着外界环境的变化而变化。如果要更换餐厅的地址，就要付出惨痛的代价，所以一定要制订周密的计划，慎重选择。

那么，如何来选择餐厅的地理位置呢？

能把餐厅开到商业圈或非常繁华的地方固然好，不过，这些黄金地段的店面租金往往很高。如果投资人资金不足，无力在繁华地段开餐厅，不妨选择那些客源和人口相对集中的地方。例如校园、公交站和居民小区附近都是不错的选择。还可以选择那些人来人往的小吃街，因为其地段本身就是一个不错的揽客招牌。

当然，有些投资人害怕竞争，觉得某个地段已经开了许多餐厅，就担心新开一家没有多大利润。尤其是那些创业新手，往往觉得绝对不能把店面开到同行比较多的地方，因为那样竞争太残酷，对做生意不利。其实，人们吃饭都喜欢扎堆，餐厅多未必是坏事，一方面说明竞争比较大，另一方面说明市场需求比较大。

所以选择地址时，一定要选择人多的地方，因为人多的地方才有许多潜在客户。不要害怕竞争，而要迎难而上。投资人不要担心把餐厅开在人多的地方竞争大，只要眼光独到，找准自己的优势和竞争力，就可以在激烈的竞争中脱颖而出，凭借地理位置的优势获胜。

对于一家餐厅来说，其所在的商圈在人口数量上是一定的，餐厅的目标客户也是一定的。那些潜在客户来不来本店消费，受消费者消费习惯的影响，也受消费者和餐厅之间的距离的影响。所以说，开店地址的好坏在很大程度上决定了餐厅生意的好坏，如果选择一个好的地址，餐厅的生意就能迈入正轨，把大量顾客吸引过来。

投资者应该明白，在开业的过程中，餐厅的经营品种可以变换，装修风格可以根据实际情况更改，工作人员的岗位可以调动，但是餐厅的地理位置却无法轻易更换。也就是说，餐厅的选址工作做好之后，就不能轻易更换餐厅的地址了。因为选址工作做好之后，就要把大量资金投入到餐厅的装修、活动等工作中，投入成本不是一笔小数目，更换餐厅地址的代价太大。

由此可见，餐厅选址的重要性，由于其具有固定性、长期性的特点，投资者在选择餐厅的地址时一定要非常慎重，深入调查后再考虑餐厅坐落的位置，尤其是要把人口密度作为一个必须考虑的因素。

开餐厅一定要找好聚焦点，因为只有找好聚焦点，餐厅才能客源充足。比如，可以开在火车站、汽车站、地铁站附近，也可以开在大型超市、电影院、剧院、学校旁边，或者开在景区附近。以这些地方为聚焦点，相信餐厅一定会生意兴隆。

交通便捷的地方

交通是否便捷，是指顾客前往餐厅就餐用车是否方便。餐厅开在交通便捷的地方意味着可以抓住那些潜在的顾客，能为餐厅多创造不少收入。所以，开餐厅最好选择交通便利的地方，而且要选择便于停车的地方，让前来就餐的顾客停车方便。

一般来说，交通便利的火车站、汽车站、地铁站等地方都是开餐厅的好位置。这些地段堪称黄金地段，人员流动量非常大，而且大多数人都有就餐的需要。选择餐厅的位置时，应该优先选择这些地方。这些地段的顾客比较繁杂，既有每天按时上班的工薪阶层，也有时间不固定的出租车司机，还有大量旅客。人流量大，潜在顾客就多，餐厅的前景就好。不过，这些地方的菜品不能太高档，价格也不能太高，因为这些顾客只以填饱肚子为目的，没有应酬方面的需要，看重的是价格是否物有所值。

在具体的选址上，应注意把餐厅开在十字路口或三岔路口，因为这里交通便捷，车流量大，餐厅的能见度（餐厅能被顾客发现的程度）比较高。可以在十字路口做个调查，根据精准的数字做判断，把餐厅的位置定在流量比较大的街面。假如是三岔路口，可以把餐厅开在三岔路口的正面。

需要注意的是，交通便利并不等同于车流量大。有的单行道上车流量大，却不适合开餐厅。还有那些禁止通行的路段，也不是开餐厅的好选择。假如某一个路段要维修道路，或附近建筑物需要长期装修，也不太适合开餐厅，因为行人行动不方便，很少有人愿意到这里来用餐。

交通繁华不能和客源充足画等号，只有交通便利的地方才是较好的选择。可以把餐厅地址选在靠近交通主干线的街面，也可以把餐厅地址选在城市主要的繁华商业街上，因为这些地方最容易被顾客发现，交通也最便利。另外，还要选择那些地面平坦、便于机动车和行人通行的路段。

如今，私家车发展迅猛，停车位的多少已经成为影响餐厅发展的重要因素，尤其是在北京、上海、广州这些一线城市，没有足够的停车位，等于是把前来就餐的顾客往外赶。相关数据显示，顾客亲自开车购物或用餐的比率逐年升高，一些高档餐厅为了吸引更多顾客就餐，就打出"免费停车"的牌子。

有些餐饮店老板总结说："开一家高档餐饮店必须要有停车位，不然生意不会太好。"如今，在前往高档餐厅吃饭的顾客中，有许多都是因为生意上的往来要请合作伙伴吃饭，他们通常自己开车，选择的也是那些交通便捷、方便停车的地方。所以，开餐厅必须要选择交通便捷的地方，并且为顾客准备充足的停车位。

选择餐厅地址时，可以优先考虑大型商场或停车场旁，因为这样可以借助商场和停车场的停车位，为餐厅节约空间。另外，大型商场往往交通便捷，来往的行人特别多，总有一部分潜在顾客。当然，假如餐厅有专用的停车场，可供前来就餐的顾客停放车辆，那就更好了。

一般情况下，相比地下车库，在餐厅门前有一个开阔的停车位更好一些。因为对于顾客来说，在地下车库停车比较麻烦。餐厅门前有停车位还有一个好处，那就是可以打响餐厅的名声。因为顾客都有从众心理，希望到人多的地方吃饭，看到餐厅门前停放许多车，肯定觉得这是一家不错的餐厅。

避开政策风险

从事任何职业都要遵守相关的法律法规以及相关政策，餐饮行业也不例外。从某种程度上说，开一家餐厅也许会污染环境，或影响周边的居民，或影响国家的规划，所以法律对开餐厅做了相关规定，比如规定有些地方不能开餐厅。假如对法律不了解，没有经过调查就贸然在那里开餐厅，很可能会违背国家的法律规定。

因此，投资人在开餐厅之前，首先要详细了解国家的相关政策，避开政策风险，否则投进去的资金也许就收不回来了。可以先考察一下所在地区的区域规划，了解选择的地方有没有拆迁风险，尤其是要检查业主是否有产权证。一些投资人觉得这是一件无足轻重的事情，因此不注意，等餐厅面临拆迁时，才后悔莫及。因此，餐厅经营者一定要先查看一下产权证，分析面临拆迁的风险大小。

开餐厅除了有拆迁风险外，还有消防风险。因为新的《食品安全法》已经实施，要求新开的餐厅都要办理手续，否则没资格办理营业执照。消防管理在这方面的把控非常严格，而且具有一票否决权，开餐厅一定要报装修消防手续，先具备主体消防手续《合格意见书》，再拿着《合格意见书》和设计公司提供的消防设计图纸报审装修消防手续。

郭先生于两年前在一个繁华地带购买了一个楼盘底层，计划在那里开一家餐厅——他觉得单靠那个楼盘中的居民就能保证自己的餐厅生意兴隆。

由于郭先生是首次创业，缺乏创业经验，所以没有提前咨询相关部门，也没有询问行业中的专家，而是刚购买到手，就急急忙忙地装修，在店面装修上投入一大笔钱。眼看一切都准备妥当，只等择日开业了，政府部门却下发一个通知，严禁在此楼盘开餐厅。原来，那个楼盘是居民区，根据当时的政策，严禁作为商业用途。尤其是开餐厅，更是被环保局明令禁止。环保局颁布了一条新规，规定餐厅不得开在以居住为主要目的的楼盘内。正是由于这项规定，郭先生耗费巨资装修而成的餐厅，最后连营业执照都拿不下来。

由此可见，不考虑政策风险，盲目开一家餐厅，很可能会付出惨痛的代价。其实，这种代价是可以避免的。餐厅经营人只需要提前了解相关法律政策，提前做好评估工作，咨询相关部门和专业人士，就能避开这种风险。

许多开餐厅的人都是第一次创业，没有社会经验，也不懂得咨询相关人士，没有违背政策那是幸运，一旦违背政策，往往会血本无归。所以，开餐厅一定不能抱着侥幸心理，不能靠运气。餐厅经营者要多了解法律法规，向相关部门咨询，向经验丰富的行家里手请教，尤其是选择餐厅地址时，一定要充分考虑市政规划，在选址之初就弄明白房屋的产权，并咨询相关部门是否有拆迁的计划。每一步都要走得脚踏实地。

另外，与房东签订合同时，也应该注意这个因素，把相关事宜写进合同中避免让自己承担风险。

选址禁忌

开餐厅非常重要的是选择地址，任何投资人都希望选择一个生意兴隆的旺铺，因为所选地址的好坏直接影响餐厅的生意。假如选择的地址不太好，那么餐厅的生意也会受到影响，利润也就不会太高。许多刚进入餐饮行业的人没有任何投资经验，不知道选址有什么禁忌，往往因此吃了大亏。那么，开餐厅选择地址有哪些禁忌呢？

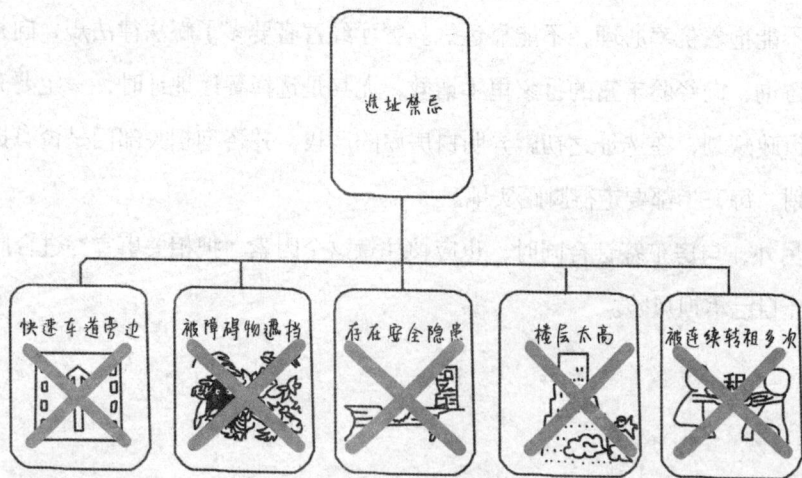

1. 快速车道旁边

在快速车道上，往往要增加一些隔离栏，以此阻止行人穿越，实现快速通车的目的。一般这种地方不适合开餐厅，因为来往的行人被护栏阻拦，又没有停车位，来往的车辆无法停车，很难到餐厅就餐。就算流动的客户非常多，也不能选择这样的地方开餐厅。

2. 被障碍物遮挡的店面

有些餐厅的地理位置挺好，但是被建筑物或树木花草遮挡住，不容易被顾客发现，也就很难把顾客吸引到餐厅内就餐了。因此，餐厅被障碍物遮挡是开餐厅的大忌，因为这会导致一部分潜在顾客流失。

小马想开一家餐厅，听说有一家餐厅才开了几个月就准备转让，小马准备接手，于是仔细看了看餐厅的装修风格，发现和自己理想中的一样，非常适合他的需要。而且餐厅外面高楼林立，到处都是繁华的店铺，附近的居民也很多，大厦中还有许多上班的白领。令小马喜出望外的是，这家餐厅的转让费用非常低，比同类店铺低10%。不过，小马可没那么草率，他心里犯起嘀咕，纳闷这家餐厅为什么要转让，毕竟刚开业不久，地理位置又这么优越。仔细考察后发现，原来这家餐厅门前有许多公共设施，几乎把整个店面都遮挡住了，路过这里的人如果不仔细看，很难发现这家店铺。

3. 存在安全隐患

安全性是餐厅选址时的最低要求，也是最重要的要求之一，它是餐厅长久发展的基本保障。假如餐厅存在一些安全隐患，餐厅内工作人员和财物的安全就得不到保障，餐厅经营者在经营的过程中必然束手束脚，没有太大发展。尤其是那些规格比较高的餐厅，更要注重餐厅的安全，尽量避免安全隐患的发生。

选择餐厅的位置时，应该远离散发臭味的公共厕所、垃圾回收站，存在安全隐患的加油站，以及释放异味的化工厂，同时还要远离那些由于生产作业而制造出刺耳声音的加工厂，以及那些常年尘土漫天飞扬的道路两旁。

4. 楼层太高的地方

一些投资人有时会突发奇想，想在楼层比较高的地方开一家餐厅，例如把餐厅开在一座大厦的顶层。这类投资人的出发点是好的，目的是避免生活在大厦高层的人由于经常下楼而致使生活不便，为大厦高层的人提供方便。可是，这种想法并不成熟，不是开餐厅的好选择。如果餐厅的楼层过高，下面的人用餐会很不方便，每次用餐都要跑到上面。而且这种餐厅缺乏影响力，很难被人发现，顾客的数量有限。就算是后期餐厅给顾客送外卖，也会因为楼层太高而不方便。

5. 被连续转租多次的店面

有些店面连续被转租多次，而且每次转租后的经营时间都很短。一般情况下，这种店面不适合租用。连续被转租多次的店面名声很差，信誉度很低，很难取得顾客的信任。

从另一个角度说，经常被转租的店面生意可能不好，或者表面生意不错，实际上却赚不到什么钱，所以才几经易手，一直没有固定的商家长期租下来。许多商家租下这种店面的原因是被它的表象迷惑，没有发现它隐藏的缺点，或者贪图低租金。比如，一些店铺门前车流量很大，却不方便停车；还有一些地方人流量很大，但是真正的消费者却寥寥无几。所以，面对被连续转租多次的店面时，投资者一定要慎重，找出各个商家经营失败的具体原因。

第四章
店名和招牌要这样做

  有人形象地说："好店名和好招牌是餐厅的优秀推销员。"取一个好的店名，便于推销餐厅；设计一块好招牌，有助于打造餐厅的影响力。因为餐厅的名字响亮，就会形成品牌效应；招牌有特色，就会吸引更多顾客。那么，餐厅取名有哪些方法？又有哪些忌讳？如何才能设计一块好招牌？本章内容将为你解答。

好店名助餐厅财源滚滚

任何一家新开业的餐厅都要取一个好一点的店名，这是招揽顾客的法宝。正如我们人的名字一样，普通的名字很难被大家记住，而新奇的名字则能引起大家的好奇心。餐厅的名字也是如此，想要吸引更多顾客，就要取一个新奇的名字。

比如有一家火锅店，是取名为"精品火锅"好一点，还是取名为"开涮火锅"好一点呢？很显然，如果两家店的内部设施都一样，只有名字不一样，相信大多数人都会选择到开涮火锅店就餐。这就是店名的巨大作用。

在北京西城区的白塔寺附近，就有一家名叫"开涮火锅"的老北京火锅店，主要做老北京铜锅涮肉生意，还经营一些经典的老北京小吃。取名为"开涮火锅"，字面意思是开始涮锅，但是常用语"开涮"是个同音词，有"拿人开玩笑、玩弄"的意思，所以容易被顾客记住。

"开涮火锅"还能引起顾客的好奇心，让他们浮想联翩，想知道店老板为什么取这个名字，这家店的火锅和其他店的火锅到底有什么不同之处。这种好奇心的力量是强大的，可以让潜在顾客产生到店里一探究竟的想法，最终达到把他们拉到店里消费的目的。

由此可见，为餐厅取一个好店名非常重要，因为店名伴随着餐厅经营的整个过程。取一个好的店名，便于推销餐厅，打造餐厅的影响力。餐厅走入市场之前，传递的第一条信息就是自己的店名。从餐厅门前路过的潜在顾客第一眼看到的不是餐厅的装修设计，不是餐厅的服务质量，也不是厨师的做饭水平，而是餐厅的店名。优秀的店名可以让顾客知道餐厅的经营理念，帮助经营者为自己的餐厅打开销路。

因此，在给餐厅取名时，餐厅经营者应该考虑以下因素：

1. 带有地名

为餐厅取名字时，可以用具体的街道或附近的知名建筑物命名。取这种名字有一个好处，那就是可以突出餐厅的具体位置，方便顾客慕名而来。比如，可以取名为"西单大酒楼"。听到名字的顾客就知道餐厅应该在西单附近。不过，以这种方式命名有一个缺点。假如有许多家餐厅都用相同的地名命名，很可能和其他餐厅重复，让顾客分不清到底是哪家。所以，为餐厅取名时，应该先调查一下当地是否已经有这个名字，避免和其他餐厅取相同的名字。

2. 带有姓氏

还可以以姓氏为餐厅命名，比如刘记烧烤、郭家菜馆、馄饨侯、鱼头王、铁锅牛等。这类店名都有一个突出的特点，从店名中可以看出餐厅具体的经营内容，还能看出餐厅老板的姓氏，甚至具有推销作用。比如"鱼头王"的"王"，既是指餐厅经营者姓王，又指这家餐厅里的鱼头是同行业里最好的。又如"铁锅牛"里的"牛"，既是指餐厅经营者姓牛，又指这家餐厅的铁锅系列菜品质量上乘。所以取名时应该体现出餐厅的特色，让顾客一目了然，看到店名就知道餐厅的经营范围。另外，由于餐厅名字有经营人的姓氏，容易获得顾客的信赖。

3. 带有地域特色

给具有地域特色的餐馆取名时要体现出地域特色。比如经常见到的"沙县小吃""兰州拉面""新疆大盘鸡""河南烩面""潮州菜馆"等。顾客看到这种名字后，立即就能明白这家餐厅经营的是哪种菜。这种名字的好处是可以迅速锁定目标客户群，不会因为名字不当而让目标客户群流失。假如这种带有地域特色的餐馆取的名字没有地域特色，就很难形成品牌效应，也不利于引起目标客户群的关注，对餐厅的经营不利。

取名的忌讳

餐厅起名有高低之别，雅俗之分，如果起的名不好，不仅不能推动餐厅稳步发展，还会影响餐厅的名声，使餐厅的利润降低。所以为餐厅取名要慎重，尤其要注意以下忌讳。

1. 回避生僻字和多音字

为餐厅取名时，应该回避生僻字，因为这样不利于餐厅的宣传推广工作。假如顾客想约人去某家餐厅，却因为不认识店名，叫不出名字而换了另一家餐厅，就有些可惜了。比如含有"犇""犇""鱻"等生僻字眼的餐厅名字，顾客不常见这些字，和朋友约到这类餐厅，或带着熟人来这类餐厅，很容易遇到尴尬。餐厅名字含有生僻字固然可以标新立异，可是如果拗口难记，也会不利于餐厅的推广。

在汉字中，许多字都是多音字。多音字的读音不同，意思往往也各不相同。为餐厅取名时，假如使用这些多音字，往往会给顾客带来诸多不便。从餐厅知名度的角度讲，也不利于餐厅的宣传。容易理解、便于记忆的店名可以给顾客留下深刻的印象，便于餐厅的推广。如果使用多音字，容易发生歧义，误导顾客产生不好的联想。

2. 切忌山寨模仿

有些人总喜欢模仿别人，为餐厅取一个山寨名字，妄图借助著名餐厅的名气扩大自己餐厅的影响力。比如，有些餐厅模仿肯德基，取名为"肯德鸡"；有些餐厅模仿麦当劳，取名为"麦当佬"。

其实，顾客对名字的真假很敏感，能一眼辨别出餐厅的名字是不是山寨的。为餐厅取一个山寨的名字，不仅容易侵权，惹上官司，还不利于打造餐厅的信誉。与其费尽心机模仿别人，不如打造自己的品牌。

3. 避免侵权嫌疑

餐厅名不要含有名人的名字，不管是有意的还是无意的，用名人的名字命名往往会被视为侵权行为。

网上传出一则新闻，标题是"歌手方大同状告郑州的'方大同胡辣汤店'"。原来，郑州的一家胡辣汤店的店名含有"方大同"，并用这个名字接连开了十几家店。方大同认为该店侵犯了他的名誉权，所以把这家店的老板告上法庭。店老板反驳说，他根本不知道方大同是一位明星，更谈不上想借助明星的名声打造餐厅的影响力。之所以为餐厅起这个名字，是因为觉得在郑州用"方"字开头的餐厅一般都会生意兴隆，而"大同"只是在借助地名。经过工商部门裁定，认定这家胡辣汤店的商标的确存在侵犯名誉权行为，所以被判定为无效。

最后还要注意，餐厅的名字确定后，不应该随便更改，否则会影响餐厅的信誉度。所以，与其被强制更换店名，不如事先想一个不侵犯他人名誉权的名字。

4. 不要惹众怒

为餐厅取名时，应该注意避免这些敏感的字眼，小心因为惹众怒而为餐厅带来不必要的损失。

有一家餐厅刚刚开业，就因为店名问题犯了难。

原来，这家餐厅的老板为自己的餐厅取名为"希特勒牛肉面馆"。由于希特勒是第二次世界大战中的战犯，形象很差，所以很让人反感。店老板解释说："我只是觉得'希特勒'这几个字比较特别，取这个名字完全是机缘巧合。因为我没上过什么学，不清楚希特勒的真实含义。"

有些店主为了标新立异，就为餐厅取名为"大日本料理"等稀奇古怪的名字。实际上，为餐厅取这种名字不仅会触犯法律，还容易惹众怒，导致餐厅的生意一落千丈。

餐厅招牌马虎不得

对餐厅来说，招牌是最直接的宣传工具。好店名可以为餐厅引来更多顾客，好招牌可以为餐厅赢得良好的声誉。店名和店标都要以招牌为载体，没有招牌，店名就无法体现。设计一块精美的招牌，具有锦上添花的作用。

设计招牌时，一定要设计得尽可能大些，保证人们从远处就能看得一清二楚。而且要让它和墙面的颜色区分开，一眼看去就能分辨出招牌和墙面的界限。还可以在招牌上增加灯光效果，保证晚上也能看到。

王先生开餐厅已经三年了，可是生意始终不太好。他不知道是什么原因造成了这种局面，就请教那些具有丰富经验的同行。结果大家都告诉他，餐厅生意不好的主要原因是招牌设计得不够好。

王先生仔细看了看自己的招牌，发现这块招牌太小了，而且颜色已经褪去，站在远处很难发现这儿有一家餐厅。于是，他更换了一块大一些的招牌，招牌的颜色也非常醒目。

不久后，餐厅的生意开始好转，前来就餐的顾客越来越多。从许多第一次前来就餐的顾客口中得知，他们经常从这里路过，却不知道这家店已经开了三年了。很多人都问王先生是不是刚开的店，怎么以前从来没注意到。

　　王先生的餐厅营业三年竟然鲜有人知，罪魁祸首就是招牌设计得不够好。如今是"酒香也怕巷子深"，招牌不够醒目自然不能引起顾客的注意，餐厅经营者也会因此错失许多展示实力的机会。

　　那么，餐厅的招牌都有哪些式样呢？

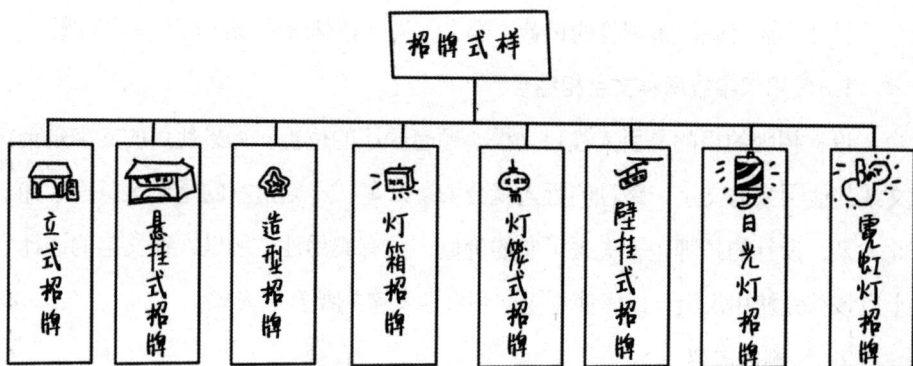

1. 立式招牌

　　许多餐厅都习惯使用立式招牌。所谓立式招牌，是指立在餐厅门口或门前的招牌，上面写着餐厅的店名。立式招牌的形状可以多种多样，而不是一种固定的形状。假如在餐厅门前设立一块立式招牌，上面写着餐厅的名称，就会吸引从餐厅门口路过的行人，扩大餐厅的影响力。餐厅大门上方的位置往往比较狭窄，所以招牌会受到一定的限制，无法占据太大的空间。立式招牌则不然，由于没有严格的限制，所以可以设计得大一些。

2. 悬挂式招牌

　　一般情况下，这种招牌被悬挂在餐厅门口的正上方，比较醒目。由于正反两面都印着餐厅的店名或标识，所以也有一定的宣传效力。悬挂式招牌除了可以印店名和标识外，还可以印一些图形图案。例如，可以印上餐具以提醒路人这是一家餐厅。也可以印上厨师的人头像，或者直接印上所提供的食物。从餐厅附近路过的行人，稍加留意就能发现这是一家餐厅，甚至能通过悬挂式招牌看到是一家提供哪些食物的餐厅。

除了立式招牌、悬挂式招牌，还有许多类型的招牌，比如造型招牌、灯箱招牌、灯笼式招牌、壁挂式招牌、日光灯招牌、霓虹灯招牌等。每一种招牌都有各自的优点，餐厅经营者应根据经营的具体情况来选择。

另外，还必须注重招牌的设计。那么，设计招牌时应该注意哪些事项呢？

1. 使用汉字或两种文字相结合

设计招牌的目的是引人注目，提醒顾客餐厅的位置。如果使用的文字是英文或其他国家的文字，路过的行人就会如坠云雾，不知道写的是什么意思。如此一来，设计的招牌也就失去了它的价值，没有实用性。所以，在文字的选择上应该首先使用汉字，或者使用汉字和其他文字相结合的方式。

2. 印刷的内容

在内容方面，可以印上餐厅的店名或餐厅的特色，或餐厅面对的主要客户，甚至可以印上餐厅举办的活动和活动有效日期。比如，可以印上"正宗川菜""地道火锅""内设包间""空调全天开放""物美价廉"等字样。如果是带有民族特色的餐厅，也可以印上民族特有的文字，这样更具特色。

3. 使用简体汉字

根据相关法律规定，招牌所使用的汉字应该是简体汉字，而繁体汉字是被禁止使用的。只有一种情况例外，那就是面向的顾客都来自那些只使用繁体字的地区。

第五章
吸引顾客装修要讲究

俗话说："人靠衣装，佛靠金装。"想让餐厅吸引众人的眼球，就得做好装修工作。优良的装修是餐厅最好的广告，也是餐厅经营管理必不可少的一个环节。餐厅如何进行区域划分，门脸怎么设计，大厅怎么装修，餐厅内应该准备哪些装饰物，这些都是有讲究的，而且关系到餐厅的客流量。因此，重视装修是经营者应有的理念。

餐厅区域划分

对于餐厅来说，规划和布局占有重要地位，优良的装修和布局可以直接提高餐厅的品位，也可以提高餐厅在同行业中的竞争地位。如果餐厅区域划分得合理，就可以给顾客提供一个舒适的就餐环境，给员工提供一个方便的办公区域和一个温馨的生活空间。

装修餐厅首先要考虑的是划分区域。按照餐厅的使用功能，可以把它分为三个区域，它们分别是营业区、厨房和辅助区。

1. 营业区

营业区包括餐台、收银台、通道、候餐区、包间等。

划分餐台时，要注意餐台与餐台之间的空隙。可以参考餐饮店的档次合理划分，比如档次高的餐厅的空间划分得富余一些，档次低的餐厅划分得紧密一些。也可以征求顾客的意见，如果顾客反映太拥挤，就应该减少餐桌数量。如果盲目增加餐位数量，却不顾及顾客的用餐感受，就会流失一部分顾客。

划分通道时，一定要留有一定的宽度，既方便客人和工作人员的通行，又可以在餐厅遇到紧急状况时及时疏散客人和工作人员。如果通道过于狭窄，不仅顾客通行不便，服务员为顾客服务也会有碍手碍脚的感觉，很容易把汤汁泼洒到顾客身上。顾客在用餐过程中彼此之间发生摩擦的概率也会很大。

划分候餐区时，要留出足够的空间，不能让顾客坐没坐的地方、站没站的地方。候餐本来就是一件令人心烦的事情，如果再没有足够的空间，就很可能会让一些顾客流失。有条件的餐厅可以在候餐区安排一些座位，甚至在顾客候餐时提供茶水。

2. 厨房

厨房包括灶台间、凉菜间、面点间、洗涤间等，整体上显得比较繁杂。

对厨房进行空间划分时应该考虑安全、卫生、通风等因素，厨房和餐厅连通的门要有隔油烟、隔热和隔噪音的功能。既可以防止顾客随意进入厨房重地，又可以避免顾客直接看到厨房内部的作业情况。最重要的是，隔油烟和隔热功能可以为顾客提供舒适的就餐环境，隔噪音功能可以避免厨房的噪音影响顾客就餐。

洗涤间的位置不要离厨房太远，这样方便工作人员拿出餐具盛放饭菜。同时，离餐台也不可太远，因为顾客使用后的餐具服务员要及时收走，有利于提高效率。不少餐厅把洗涤间的位置放在厨房和餐台之间，既方便取餐具盛放饭菜，又方便收餐具洗涤、消毒。

3. 辅助区

辅助区包括冷藏室、财务室、员工宿舍、卫生间、衣帽间等。

卫生间是餐厅的重要组成部分，前来就餐的顾客经常会用到，餐厅里的工作人员在日常工作中也离不开，所以做餐厅区域划分工作时不可忽略对卫生间的划分。划分卫生间时，应该让它的位置离大厅和厨房尽量远一些，避免顾客在就餐的过程中因为闻到异味而产生不适的感觉。

衣帽间应该设置在餐厅入口处，方便进入餐厅的顾客存放衣帽。如果遇到雨雪天气，还可以方便顾客存放雨伞、雨衣等物品。

总而言之，餐厅区域划分既要合情合理，又要追求艺术性。只有尽心尽力，提前规划好各个区域，才不至于因为规划失误而影响餐厅的整体质量。

门脸设计

正如每一个院子都有一个大门，每一栋楼房都有一个正门一样，每一家餐厅也要有一个门脸。门脸是餐厅的脸面，也是餐厅的招牌。如今，许多餐厅都讲究面子，把门脸设计得非常有面子，希望用这种方式给顾客一种愉快、轻松的感觉。以前把门脸叫作门，现在却称其为"门脸""门头"或"门楣"。那么，门脸设计应该注意些什么呢？

1. 选对材质

设计门脸时，可以采用不锈钢材质，背面镶嵌玻璃，印上仿真菜品。还可以融入各种颜色的油漆以及艺术照明等元素。一些人比较偏好木头门脸，所以选用形式简单的木头做装修门脸的材料，这种装修风格简朴、干净，给人一种浓厚的艺术气息。

2. 外观设计

一些大餐厅往往位于繁华地段，所以占用的空间有限，不可能像普通地段的餐厅那样有足够的空间做外观设计。因此，在外观设计方面，要抓住一个重点，那就是弄明白餐厅不同于其他餐厅的特色。设计时，要突出门脸的重要性。比较有特色的门脸往往设计成古建筑式风格，或模仿汽车、巴士的形状，或模仿动物、标志性建筑的形状。还有的在门脸上挂满装饰物或蛐蛐之类的东西，以此招揽顾客。

3. 餐厅大门要符合门脸风格

有一家中餐厅，主打菜是宫廷御膳。它的门脸设计风格模仿清朝皇宫的样子，但是大门却使用了现代的玻璃门，看上去非常别扭，给人一种不伦不类的感觉。因此，餐厅大门的选用应该符合门脸风格，让二者保持一致，不能给人一种刺眼的感觉。

4. 设计餐厅大门要考虑的事项

设计餐厅的大门时，既要考虑餐厅的面积，又要把它设置在一个容易被发现的地方。考虑餐厅的面积是因为，假如餐厅的面积不足，门又要占用大量店内面积，就要考虑变换门的大小，或者考虑更改门开启的方向，以免门占用大量餐厅空间，使餐厅变得狭小，影响顾客就餐。可以根据平常的人流情况决定如何安放餐厅大门，灵活选择左边、中间或右边。假如人流比较多，可以把大门安放到正中央，方便顾客和工作人员的使用。假如人流不多，可以把大门安放到左边或右边，而不是安放到中间，因为这样更协调一些。

5. 注重实用性和安全性

门脸的设计首先讲究的是实用性和安全性，其次才考虑融入美观、简洁、大方等元素。之所以把实用性和安全性放在首位，是因为它们直接关系到顾客和工作人员的人身安全，也关系到顾客和工作人员进出餐厅的方便程度。

许多餐厅的大门沿用了传统住宅的习俗，习惯设置门槛。如此一来，顾客想要进入餐厅，就要首先迈过门槛。这样做的好处是可以缓冲顾客的步伐，不至于太拥挤。但是，它有一个致命的缺点，那就是安全性会下降。设置门槛很容易出现磕绊现象，给顾客和工作人员的安全埋下隐患。

6. 不奢华，也不寒酸

餐厅的门脸设计不能太豪华，否则会给顾客一种价格昂贵的感觉，让他们担心餐厅宰客，也就不敢进去用餐了。同时，餐厅的门脸设计也不能太寒酸，否则会让顾客觉得很没有面子，不好意思请朋友或同事到餐厅里用餐。

　　总之，设计餐厅时，门脸是非常重要的，因为它直接体现出餐厅的形象。餐厅的门脸连接餐厅内外，是餐厅最直观的标识，想了解餐厅的顾客正是通过看一个餐厅的门脸做出判断的。所以，要想多揽客，务必要注重门脸的设计。

大厅装修

　　进入一家餐厅之后，最先看到的就是餐厅大厅，顾客往往会根据大厅的印象判定餐厅的好坏。有些餐厅抓住顾客的这一心理，在装修方面做得很有品位，给顾客留下一个不错的印象。而有些餐厅却不注重这些，在大厅装修上下的功夫很少，甚至没有任何装修，这就给顾客留下一个很差的印象。

　　那么，大厅装修应该注意哪些事项呢？

　　1. 颜色的选用

　　餐厅的装潢应该优先选用亮色，因为这样可以让人感觉到温暖，增加顾客的食欲。可以多运用一些橙色系或黄色系的色块。不过，全部使用亮色有一个缺点，那就是餐厅的空间看上去会有些狭小。因此，使用亮色的同时，也应该搭配一些冷色调，以此弥补亮色的缺陷。墙壁的颜色应该选用素雅一些的颜色。假如要选用灰色或白色，要保证油漆不反光，否则会影响顾客就餐。另外，所选用的颜色不能刺眼，否则顾客在餐厅中就餐简直就是一种煎熬。

　　2. 材料的选用

　　选用装修材料时，要选用那些颜色让人感觉干净的材料。对一家餐厅来说，就餐环境的卫生是十分重要的。如果大厅的地板色泽较暗，就不能选用了，因为那种地板会给人一种很脏的感觉。动手装修时，应该选用简单的色调，因为这种色调看上去会给人一种干干净净的感觉。餐厅的地面不适宜铺设地毯类材料，因为这种材料容易沾染油渍，既影响美观，又不容易清理。不如选用木板、大理石或瓷砖类材料，这些材料更容易清理。

餐厅墙面的装饰材料要根据餐厅的风格来选择，不可违背餐厅的整体风格。假如是特色餐厅，就要突出特色，以餐厅的特点为中心。选用材料时，应该注重突出自己的风格，既要营造一种美观的效果，又不能违背实用性的原则。需要注意的是，餐厅注重的是简洁、明快，所以不能选择比较杂的材料。

3. 灯光的选用

选用灯光应该优先选用吊灯，既安装方便，又便于维修。不过，有些餐厅为了营造就餐氛围，也会选用一些镶嵌在天花板上的灯，甚至选用地灯。这些类型的灯都是不错的选择，但有一点需要注意，那就是灯不能直接照射用餐者的头部或眼睛，因为那样会让用餐者觉得很不舒服，导致食欲下降。

选用灯光时，应该选择柔和的灯光，这样可以给顾客营造一种温馨的氛围。研究表明，柔和的灯光较为含蓄，能营造一种浪漫、温馨的氛围。选择餐厅的灯光时，可以以白炽灯为主，以其他颜色的灯光为辅。顾客就餐时，如果灯光亮度过强，会给人一种压迫感和眩晕感，直接影响就餐的心情。所以，最好选择那些可以调节亮度的灯光，以方便顾客自由选择灯光的亮度。

4. 吊顶注意事项

餐厅的吊顶并不像想象中那么简单，而是一件特别讲究的事情。经营者不妨多向人请教，学习一些吊顶注意事项。

吊顶最重要的是安全，所以餐厅吊顶应该使用防火材料。无论是厨房还是就餐大厅，都难免使用明火，很容易点燃吊顶材料。为了防止火灾，消除这种安全隐患，应该尽量使用防火材料吊顶。除了注意防火以外，还要注意防范板材坠落砸伤顾客或工作人员。应该选用比较牢固的板材，避免发生折断现象。假如使用的灯饰太重，就要注意不要让它掉下来，可以使用挂钩悬挂灯饰，而不是直接把灯饰挂在吊顶上。

板材的颜色太浓会让人觉得刺眼，进而降低顾客的食欲。选择板材的颜色时，可以参考墙面的颜色，使二者的色调相近，避免二者颜色反差太大，让人觉得别扭。另外，选择的板材应该容易清洁，防止时间长了油渍、灰尘粘在上面清洗不掉，既影响美观，又不卫生。

5. 有层次

大厅的装修要有层次感，可以使用平面和立体相结合的方式，把空间分成错落有致的小块，营造一种立体意境。这种立体意境能提升餐厅的格调，给顾客以视觉上的冲击，为顾客营造一种有意境的就餐环境。

餐厅的装饰物

对于一家优秀的餐厅来说，摆放一些装饰物是必要的。可以选择一些花草，也可以选择一些字画，或者选择一些工艺品。有了这些装饰物，能够提高餐厅的档次，给顾客营造一个温馨的就餐环境，让顾客产生一种美的享受。那么，都有哪些装饰物可供餐厅选用呢？

1. 绿色植物

想要为餐厅营造一种生机勃勃的氛围，可以摆放一些绿色植物。绿色植物是有生命的，也是一种艺术品，确切地说，它是生命力和艺术力的完美组合。摆放在餐厅各处的绿色植物既可以像造型优美的柱子那样增加餐厅的层次感，又可以给顾客带来一些趣味，防止顾客出现审美疲劳。在餐厅中，绿色植物是一种比较高雅的装饰品，它的形态美和色彩美都是浑然天成的，在烘托餐厅氛围方面能起到不错的效果。

到餐厅就餐的顾客看到绿色植物会有一种轻松愉快的感觉，因为绿色植物能让人心旷神怡，绝对是一种美的享受。假如绿色植物的设计和摆放可以和餐厅的空间大小相适宜，和餐桌的色彩彼此协调，就可以创造出一个比较完美的绿色空间。在绿色植物的作用下，餐厅内的二氧化碳可以转化为氧气，起到过滤空气，让餐厅内的空气更清新的目的。可以这么说，绿色植物是天然的空气净化剂，可以吸附餐厅里飘散的油烟味，为顾客创造一个舒适的用餐环境。

另外，绿色植物还可以缓解人的眼睛疲劳，对身体也有一定的保健作用。餐厅中劳累的工作人员也可以通过多看几眼绿色植物这种方式来消除疲劳。

2. 字画

许多经营者不知道餐厅适合挂什么样的字画，觉得画得好看的就可以挂在餐厅里，却不知道挂这些画是否合适。其实，在餐厅中悬挂装饰画也是一件非常讲究的事情，并不是什么样的画都合适。

一般来说，可以挂一些水果、蔬菜题材的画，因为那种清新的风格可以增加顾客的食欲。在中国，红色代表着好兆头和好运势，也意味着人们的生活将红红火火，一天比一天好。所以，可以挂一些红色的水果、蔬菜，例如西瓜、西红柿、红辣椒等。也可以挂一些食品写生或宴会场景主题的画，或者挂一些代表富贵的橘子、代表长寿的桃子、代表多子多孙的石榴等水果图画。

3. 瓷器或工艺品

瓷器带有中国特色，彰显着独特的魅力，比较适合摆放在中式餐厅中。一些高档餐厅选择把瓷器摆放在餐厅内部或大门两侧，这种做法可以提升餐厅的格调，间接反映餐厅的品位。不过，摆放瓷器要注意瓷器的安全，不要将贵重瓷器摆放在餐厅中，因为瓷器容易损坏，很可能因为顾客或工作人员的大意而打碎。

除了瓷器，还可以在餐厅中摆放一些工艺品，例如一些铜器、银器，或手工编制的工艺品等。由于餐厅里用餐人员比较繁杂，所以摆放的工艺品价格不能太高，那些价格偏高的可以摆在比较安全的地方。摆放工艺品时，其数量要刚好合适，不能太多。餐厅中摆放太多工艺品会让顾客觉得餐厅在做艺术展览，前来就餐时糊里糊涂的，不知道餐厅在搞什么名堂。而且，餐厅最重要的是要干净、整洁，空气流通要好，所以摆放的装饰物不能太多。

装修的配套设施

餐厅要营造一种舒适的环境，只有这样，顾客才愿意来店消费。研究发现，餐厅内部温度适中，湿度合宜，餐厅的生意会更加兴隆，否则餐厅的客流量就会减少。比如，餐厅在酷暑难耐的夏季不开空调和电扇，室内温度非常高，顾客进店后很可能会选择离开。因为在温度过高的餐厅中吃饭会让人觉得烦躁、不适，食欲也会降低。而餐厅内的温度过低，在餐厅内就餐的顾客就会觉得冷，下次也许就会另换一家餐厅就餐。

所以，装修餐厅时还要从餐厅的温度、湿度、背景音乐、气味等方面入手，做好餐厅的配套设施。只有这样才能拉来更多回头客，也不至于因为温度或其他原因导致顾客流失。

1. 控制温度

餐厅内的温度对就餐的顾客非常重要，季节不同，餐厅的温度也要随着变化。夏季时，应该把空调温度控制在24～27℃。假如高于27℃，就会让顾客觉得有些热；假如低于24℃，就会让顾客觉得有些冷，很容易冻感冒。

另外，冬天的温度过低时，顾客就不得不穿着厚厚的外套就餐，那样既不方便，又容易把衣服弄脏，菜变凉的速度也会加快。因此，冬季时应该适当调高餐厅内的温度。无论是高档饭店还是小餐馆，都要配备空调，温度合适才能吸引更多的顾客。

2. 控制湿度

在经营餐厅的过程中，许多经营者都忽略了湿度的问题。其实，湿度对前往餐厅就餐的顾客也非常重要，在很大程度上影响着餐厅的顾客量。如果室内没有配备除湿设备，顾客就会觉得闷热，就餐时会很不舒服。所以要为餐厅配备除湿设备，把餐厅内的湿气除去，给顾客营造一个湿度适宜的就餐环境。

在北方地区的春季和冬季，由于降水量非常少，风沙又非常大，导致室内的湿度不够。在这种过于干燥的环境中就餐，顾客会觉得烦闷，就餐的心情自然不会好。因此，餐厅在装修时应该提前想好对策，为餐厅配备加湿器，用加湿器控制餐厅的湿度。

3. 背景音乐

陌生的就餐环境经常让人觉得拘束不安，而餐厅的背景音乐可以起到调节气氛的目的，它可以消除这种拘束不安，让用餐者感到心情舒坦。另外，餐厅播放背景音乐还可以营造良好的就餐环境，餐厅的品位和档次都因背景音乐而提升。在很多高档餐厅中就餐时，都能听到一曲舒缓的音乐，立即会让人觉得神清气爽。音乐改变了我们的生活，是我们的精神食粮。对经营者来说，它是一种应用于商业的高超技巧。

有一家餐厅，装修得很典雅，也很大方。凡是来这家餐厅就餐的顾客，都能听到几首熟悉的背景音乐，有时是古琴曲《渔樵问答》《梅花三弄》《广陵散》等，有时是葫芦丝曲《湖边的金孔雀》《竹林深处》等，有时是古筝曲《春江花月夜》《高山流水》《孔雀东南飞》等。优雅的曲调响彻餐厅的各个角落，迷人的旋律令人陶醉。在这种背景音乐下就餐的顾客心情总是不由自主地舒畅起来，像听一场动听的音乐会。

在餐厅周围，散步的行人听到这些美妙的音乐后会忍不住停下脚步，听到动听处忽然产生去餐厅享受一番的想法。可以毫不夸张地说，许多到餐厅就餐的人并不是冲着餐厅里的饭菜有多么好吃，而是冲着餐厅里那动人的音乐去的。

既然背景音乐有这么大的作用，在装修餐厅时，经营者应该考虑配置一套效果不错的音响设备。可以经常播放一些舒缓、动听的音乐，为餐厅营造一种浪漫的气氛，这样必然能给来餐厅就餐的顾客留下深刻的印象，使餐厅的品牌形象更强。

第六章
这些手续都得办

　　餐饮业与人民群众的健康、安全息息相关，所以是监管比较严格的领域，政府工商部门、食品安全部门、税务部门都会经常去餐饮店检查。如果不遵守行业规范，事先没有到相关部门办理手续，就是无照经营，后期肯定会遇到很多麻烦，轻则被责令补办相关手续，重则被责令停业或关闭并接受相关部门的处罚。

工商营业执照

很多想开餐馆的经营者，办理工商营业执照时都经历过很多挫折，甚至跑断了腿也拿不到营业执照。于是，这些经营者就觉得工作人员在故意刁难，成心不让人好过。其实，并不是工作人员故意刁难，而是经营者没有做好应该做的工作。

不管餐厅有多大规模，采用的是哪种经营形式，也不管餐厅有没有独立的民事责任承担能力，到工商行政管理部门注册登记都是必不可少的。因为只有获得工商营业执照之后，才算拥有经营餐厅的合法资格。没有获得工商营业执照，就擅作主张开餐厅，是违法行为，将受到法律的制裁。

一般来说，办理营业执照分前制式和后制式两种方式。所谓的前制式，指的是先获得卫生部门、环保部门、消防部门的审核，再去工商局提出申请，审批合格后再拿到正式的营业执照。所谓的后制式，指的是先不办理正式的营业执照，而是先办理临时性营业执照，然后在6个月内补办所有手续，最后拿到正式营业执照。后制式适合那些已经装修好，设备、工作人员都已经就位的餐厅。因为如果先办理正式营业执照，一旦卫生部门、环保部门、消防部门的任何一个部门审批没通过，营业执照就无法成功办理。

办理方式	办理程序
前制式	卫生部门、环保部门、消防部门的审核 ➡ 去工商局申请 ➡ 拿正式营业执照
后制式	办理临时性营业执照 ➡ 6个月内补办所有手续 ➡ 拿正式营业执照

无论办理哪种执照，申请相关手续时，都最好提前咨询专业人士，并提前提交申请材料，否则开店时要走不少冤枉路，耗费许多本可以节省下来的资金。想要拿到正式营业执照，一定要先拿到卫生许可证和环保部门的排污许可证。

刘先生新开了一家小餐馆，听人说需要办理工商营业执照，就前往工商部门，要求工商部门的工作人员为他办理工商营业执照。

工作人员对刘先生说，需要先到卫生部门办理卫生许可证。刘先生到卫生部门办理卫生许可证后，又到工商部门。可是，工作人员又告诉他还需要到环保部门办理排污许可证，否则无法办理工商营业执照。

刘先生觉得工作人员在故意刁难他，和工作人员大吵了一架，最后也没办理成功。

事后，刘先生问了几位开餐厅的朋友，才知道这些都是必须办理的手续，工作人员只是在按规则办事。在朋友的帮助下，刘先生去辖区环保局提出申请，在工作人员上门检查指导后，刘先生选择了适合的抽油烟机。排污许可证终于办理成功。

了解了执照的办理方式还远远不够，案例中的刘先生之所以办理失败就是因为不了解办理执照的流程。因此，对于经营者来讲，掌握办理工商营业执照的流程非常重要，那样可以为自己省去不少麻烦，节约不少时间。那么，如何才能用最快的速度、最简单的流程办理合法的工商营业执照呢？

（1）先租用一个适合的经营场所，联系房东签订一份《房屋租赁合同》。准备好房产证复印件或土地使用证复印件、身份证等相关证件前往卫生防疫站体检，体检后拿到健康证。

（2）为了防止工商部门核准时出现重名现象，可以提前为自己的餐馆多想几个名字，然后带着经营者的健康证原件、健康证复印件、身份证复印件、《房屋租赁合同》原件、房产证复印件或土地使用证复印件、经营者的照片等到辖区工商部门，从那儿领取一份个体工商户名称预先核准申请书，把表中的信息填写完整后交给工商部门的相关工作人员。相关工作人员会发放一份个体工商户名称预先核准通知书，并在其上面加盖红色许可章。

（3）带上健康证原件和复印件、身份证复印件、《房屋租赁合同》、房产证复印件或土地使用证复印件及经营者的照片，前往食品药品监督管理局申办食品经营许可证。

（4）带着食品经营许可证的原件和复印件、健康证的原件和复印件、身份证复印件、《房屋租赁合同》原件、房产证复印件或土地使用证复印件、个体工商户名称预先核准通知书和经营者的照片，一起提交给工商部门的相关工作人员，然后就可以申请办理个体工商户营业执照了。

餐饮企业法人登记

可以独立承担民事责任的餐饮企业为了获得法人资格，需要办理登记手续，这就是餐饮企业法人登记。需要注意的是，没有民事行为能力或被限制民事行为能力的人不能办理法人登记手续。正在被公安机关通缉的人，或正在被国家安全机关通缉的人，也不能办理法人登记手续。

另外，因为贪污受贿罪、破坏社会主义市场经济秩序罪、侵犯财产罪而被判处刑罚，执行期满没有超过五年的，或因为犯其他罪，执行期满没有超过三年的，或被剥夺政治权利，执行期满没有超过五年的，都不能办理法人登记手续。除此之外，还有许多情况不能办理法人登记手续，例如个人欠债数额巨大，始终没有偿还的，或者因为违法操作被吊销营业执照等。

那些隐瞒真实情况，用欺骗手段获取企业法人资格的个人，会被处以1万元以上10万元以下的罚款。假如情节特别严重，将会撤销企业登记，吊销企业法人营业执照。

餐饮企业法人登记具有双重法律效力，一旦审核通过，就可以领取企业法人营业执照，也就意味着经营的餐厅将具有独立的法人资格，可以用自己的名义经营餐厅。不过，法人代表也要用自己的财产承担民事责任。

办理法人登记必须具备营业条件，注册资金不能低于3万元，还要具备健全的运营机制、足够的营业面积、企业标志和明确的经营范围，同时还要有独立的财会核算制度。那些独立经营、财产独立的大中型餐饮企业比较适合办理企业法人登记。

办理餐饮企业法人登记，需要先通过审批。企业还没有成立时，企业代表或股东提前向工商部门申请，向工商部门提交自然人身份证明或负责人的法人资格证明、企业负责人或全体股东签署的企业名称预先核准申请书等，让工商管理部门预先核准企业名称。

核准企业名称的目的是避免他人盗用自己公司的名称，给餐厅的经营造成巨大的经济损失。试想一下，如果费尽心思想出一个很有创意的名字，餐厅生意兴隆，却没有提前核准企业名称，遇到他人盗用自己公司名称的行为时，便无法使用法律武器保护自身权益。

只要是餐饮企业，都应该在开业前带着相关文件到工商管理部门办理开业登记手续。先填写一份企业开业登记申请书，提交企业法人申请开业登记注册书、组建章程、审批机构的批准文件、资金担保等。提交申请后，工商行政管理部门将在核实后的30日内给予裁决。一旦通过核实，企业将得到企业法人登记核准决定书。决定书上载明领取营业执照的时间，可以在规定时间内前往工商部门领取营业执照。此时，需要依照规定交纳开业登记费，领取企业法人营业执照的正本和副本，然后拿着副本到制定单位刻制公章，到银行办理开户手续。

食品经营许可证

很多初次开餐厅的经营者，由于缺乏经验，在准备好一切之后，就急急忙忙去办理卫生许可证。到了地方才发现，为了简政放权，提高服务质量，方便餐饮从业人员，国家已经取消卫生许可证，改为食品经营许可证。也就是说，餐厅经营者再也不用像过去那样去办理卫生许可证了。

食 品 经 营 许 可 证

经 营 者 名 称：	许 可 证 编 号：
社 会 信 用 代 码： （身份证号码）	日常监督管理机构：
法定代表人（负责人）：	日常监督管理人员：
住　　　　所：	投诉举报电话：12331
经 营 场 所：	发 证 机 关：
主 体 业 态：	
经 营 项 目：	签 发 人：
	年 月 日
有 效 期 至　　年 月 日	

国家食品药品监督管理总局监制

国家对食品经营许可证的申请条件是这样规定的：

（1）具有与经营的食品品种、数量相适应的食品原料处理和食品加工、销售、贮存等场所，保持该场所环境整洁，并与有毒、有害场所以及其他污染源保持规定的距离。

（2）具有与经营的食品品种、数量相适应的经营设备或者设施，有相应的消毒、更衣、盥洗、采光、照明、通风、防腐、防尘、防蝇、防鼠、防虫、洗涤以及处理废水、存放垃圾和废弃物的设备或者设施。

（3）有专职或者兼职的食品安全管理人员和保证食品安全的规章制度。

（4）具有合理的设备布局和工艺流程，防止待加工食品与直接入口食品、原料与成品交叉污染，避免食品接触有毒物、不洁物。

（5）法律、法规规定的其他条件。

申请食品经营许可证时，申请人要向所在地县级以上食品药品监督管理部门提交材料。需要提交的材料有食品经营许可证申请书、营业执照或者其他主体资格证明文件复印件、与食品经营相适应的主要设备设施布局等文件，以及食品安全自查、从业人员健康管理、进货查验记录、食品安全事故处置等保证食品安全的规章制度。假如是委托他人办理，就要把授权委托书让代理人转交给相关部门。

假如申请人没有获取食品经营许可证的资格，县级以上食品药品监督管理部门将会告知申请人。如果申请人提供的资料需要修改，相关人员会提醒申请人修改。申请人提供的资料不齐全时，相关人员会提醒申请人补交申请材料。

县级以上食品药品监督管理部门受理申请人提出的申请书后，相关人员会审查申请人提交的许可申请材料。假如审查人员要求到现场进行核查，申请人应该积极配合工作。

食品经营许可证有正本，也有副本，而且二者具有相同的法律效力，都由国家食品药品监督管理总局负责制定。而食品经营许可证的印制、发放和管理工作则由省、自治区、直辖市食品药品监督管理部门负责。

在食品经营许可证上，应该明确印上的内容有：经营者名称、社会信用代码（个体经营者为身份证号码）、法定代表人（负责人）、住所、经营场所、主体业态、经营项目、许可证编号、有效期、日常监督管理机构、日常监督管理人员、投诉举报电话、发证机关、签发人、发证日期和二维码。食品经营许可证上有一个编号，前面是"经营"两个字的汉语拼音首字母"JY"，后面是14位阿拉伯数字。从左到右的含义分别是：1位主体业态代码、2位省（自治区、直辖市）代码、2位市（地）代码、2位县（区）代码、6位顺序码、1位校验码。

食品经营许可证应妥善保管，不可以租给别人，也不能转让或借给别人。应该在餐厅中找一个显眼的地方，把食品经营许可证挂在上面，其有效期为五年。

税务登记证

纳税人在生产经营的过程中依法向税务机关申报办理税务登记，税务机关颁发给纳税人的证件，就是税务登记证。纳税人在银行开户，申请减税、免税、退税时，都需要出具税务登记证。获取税务登记证之后，纳税人应该在经营场所的显要位置公开悬挂，以方便税务机关进店检查。

税务登记，也就是纳税登记，特指税务机关依据税法规定，对纳税人的生产、经营活动进行登记管理的一项法定制度，也是依据法律，让纳税人缴纳税款时必须要完成的法定手续。履行税务登记是纳税人务必履行的义务。

税务登记制度是税务机关的一项基本制度，方便税务机关掌握纳税人的基本情况，调查税收来源，有效防止漏管漏征的现象。餐厅经营者应该服从这种制度，配合税务机关的工作，因为这是餐厅经营者应尽的义务。

餐厅经营者获取营业执照后，应该在30天内从经营所在地税务机关处领取税务登记表，办理税务登记证。假如餐厅经营者尚未办理工商营业执照，相关部门已经批准经营，那么从批准经营那天起，应该在30天内办理税务登记证。办理税务登记需要提供的材料有很多，其中有工商营业执照或其他核准执业证件，相关合同、协议书，组织机构代码证，法定代表人和业主的身份证明。

税务登记证件包括税务登记证及其副本，还包括临时税务登记证及其副本。税务登记表应该包括的内容有：单位名称、法定代表人或业主姓名、法定代表人或业主的身份证明、住所、经营地、登记类型、生产经营范围、生产经营期限、财务负责人姓名及电话、注册资金等。

国家法律规定，税务登记证不可以涂改、损坏，更不可以转接、买卖或伪造。假如经营者在外地从事生产、经营活动，要带着税务登记证副本和所在地税务机关开出的外出经营活动税收管理证明，送营业地税务机关验报，请他们做好登记工作。在同一地方累计经营超过180天，就要在营业地办理税务登记手续。

想要改变名称、法定代表人或者业主姓名、经济类型、经济性质、住所或者经营地点、经营方式、开户银行及账号、生产经营范围等内容的，纳税人从工商行政管理机关办理变更登记开始，应该在30天内带着营业执照、变更登记的相关证明文件、税务登记证件正本和副本、税务登记表等证明，向原主管国家税务机关提出申请报告，申请变更登记。

办理变更登记的纳税人，应该从主管国家税务机关的地方领取税务登记表，如实填写表中内容，盖上企业或业主的印章。领取并填写变更税务登记表后，必须在10天内报送主管国家税务机关。一旦通过主管国家税务机关核准，就要在规定的期限内前往主管国家税务机关领取税务登记证等证件。

如果纳税人将税务登记证遗失，要在15天内向税务机关提交报告，填写一份税务登记证件遗失报告表。除此之外，还要把纳税人的名称、税务登记证件名称、税务登记证件有效期、税务登记证件号码、发证机关名称等刊登在报刊上，声明作废。需要注意的是，一定要刊登在税务机关认可的报刊上，否则只是在白费功夫。有了报刊上刊登的作废声明，就可以凭声明向主管税务机关提出补办申请，重新办理税务登记证。

如果纳税人通过提供虚假的证明资料等手段取得税务登记证，将会受到法律的制裁。情节稍轻的，会处以2000元以下的罚款；情节偏重的，会处以2000元以上10000元以下的罚款。假如在办理税务登记证的过程中涉及其他违法行为，将会按照法律规定进行严肃处理。

第七章
招聘员工千万要注意

　　任何行业的发展都离不开人才，餐饮业也不例外，没有员工的积极配合，再有能耐的经营者也是"巧妇难为无米之炊"，经营管理好餐厅也就成了一句空话。总经理、厨师、服务员、收银员等岗位都需要哪些特殊技能呢？招聘保洁员、迎宾员和泊车员需要注意什么呢？这些都是经营者管理餐厅必须要考虑的问题。

总经理的聘用

经营餐厅时，一定要选择一个合格的经理，这是餐厅管理中至关重要的一个环节，直接关系到餐厅的经营状况和后续发展。那么，具有哪些能力的总经理才是最好的选择呢？

1. 要有良好的组织领导能力

这样的领导可以高效、合理地组织领导员工，把员工的积极性调动起来，让员工朝着餐厅的目标努力。对于餐厅经理来说，组织领导能力是非常重要的。只有具有很强的组织领导能力，餐厅经理才能最大限度地提升员工的工作能力，让每一位员工都能高效率地工作，从而提升餐厅的服务质量。

2. 要具备良好的人际关系和沟通能力

这样的领导可以和下属保持和睦的关系。人际关系好的餐厅经理可以为餐厅拉来更多顾客，也可以和员工谈谈心，掌握员工的所思所想。沟通能力强的餐厅经理有能力做好员工的思想工作，增强团队的凝聚力，还可以做好员工的培训工作，在最短的时间内把员工培养成各个岗位的合适人选。

3. 要有灵活的头脑

餐厅在经营的过程中遇到一些突发事件是非常正常的事情。比如，某位大厨要跳槽去竞争对手的餐厅，某位顾客醉酒后在餐厅中大吵大闹，服务人员服务不到位引起顾客投诉等。这些都需要餐厅经理具有灵活的头脑，可以凭借自身能力处理好突发事件，防止这些突发事件给餐厅带来进一步的损失。因为这些突发事件一旦处理不当，会引起一连串的不良反应，接二连三地损害餐厅的利益。只有拥有灵活的头脑，才可以巧妙地处理各种突发事件，把损失降到最低。

4. 要诚实守信

诚实守信是一个人最可贵的美好品质。要想让餐厅有一个优秀的团队，就要聘用一位诚实守信的总经理。因为缺乏诚信的餐厅经理通常靠损害顾客的利益获得利润的增长，靠欺骗员工巩固自己的管理。如此一来，餐厅的恶名就会以一个非常快的传播速度宣扬得人尽皆知。所以只有诚实守信、货真价实才是餐厅的经营之道，才能赢得顾客的信任和持续光顾。

经营者任用餐厅经理时，不能任人唯亲，而不考虑对方的能力和品德。如今，许多人做生意都有一个误区，觉得亲人最可靠，应该让亲人担任重要岗位。其实，这种家族式管理是餐饮业的大忌。在餐饮业中，经营者使用亲人担任要职的做法是错误的，很可能会给餐厅造成重大损失。餐厅经理是一个非常重要的岗位，经营者应该采取任人唯贤的方式，重视能力和品德，而不重视对方与自己的亲疏关系。

除了任人唯贤外，还要注重考查餐厅经理的危机意识，看餐厅经理是不是居安思危，时刻想着餐厅面对的挑战。食品安全是重中之重，餐厅经理是否注重检查食品的质量，及时处理那些过期或变质的食品？是否有很强的安全意识，可以做好防火、防盗等工作？能不能及时发现竞争对手的优势，明察秋毫地看到自己餐厅潜在的威胁？只有任用那些有强烈危机意识的人，经营者才能高枕无忧，放心地把餐厅的经营管理工作交给餐厅经理。

招聘优秀厨师的方法

顾客喜欢到一家餐厅就餐，很大原因是因为这家餐厅的饭菜味道好，所以餐馆是否火爆，起决定性作用的是厨师的手艺。试想一下，如果顾客第一次去餐厅吃饭，结果所吃的饭菜难以下咽，那么下次怎么可能继续光顾这家餐厅呢？可见，厨师水平对餐厅的重要性。

不管是哪一家餐饮企业，选择一些厨艺精湛的厨师都是一件非常重要的事情。假如餐厅的地理位置好，装潢好，管理和团队都很优秀，服务人员尽心尽力，唯独没有厨艺精湛的厨师，做不出让顾客喜欢的菜肴，那么餐厅的生意就不可能好，甚至难以继续经营。

事实表明，餐厅在竞争的过程中，厨师起着关键作用。假如厨师做出的菜比不上别的厨师做的菜，那么餐厅就很难继续生存下去。正如人们说的那样，厨师是餐厅的灵魂，缺少好的厨师就不可能把餐厅开好，餐厅的利润多半因素在于厨师。然而，选择厨师并不是一件容易的事情，需要投入很大精力，不动一番脑筋是很难找到优秀厨师的。经营者招聘厨师可以通过以下方法：

1. 店面或网络招聘

招聘厨师时，可以在餐厅门口张贴招聘信息，详细写出要求对方具有几年工作经验，需要擅长哪方面的菜系。还可以把招聘信息发布到招聘网站上、专业的美食网站上，以及人气很旺的综合服务类网站上。所发布的信息应该明确写出餐厅的名称、所在位置、规模大小，所需厨师类型、数量，可以提供的薪资范围，节假日福利等。

2. 去其他餐厅挖厨师

招聘来的新厨师菜做得也许比较好，可是，如果缺乏在大餐厅工作的经验，也很难适应新的工作。与其招聘新人，不如到其他餐厅试吃几次，挖那些优秀的厨师。这些厨师功力深厚，有丰富的经验。经营者可以私下和选中的厨师谈谈薪资待遇，用一个双方都能接受的薪资把他们挖走。不过，做事不能太绝，不能把其他餐厅的厨师挖走太多，否则影响其他餐厅的生意，很可能引起对手的愤怒，使两家餐厅都陷入恶性竞争的怪圈中。

3. 请亲朋好友帮助

如果餐厅经营者的人脉比较广，可以请熟人帮自己介绍几名厨师。聘用熟人介绍的厨师心里面比较踏实，因为碍于熟人的面子，厨师不能轻易跳槽，即便是跳槽，也要提前打招呼。另外，熟人介绍的厨师一般水平很高，因为熟人不可能介绍那些水平不行的厨师，影响两个人之间的关系。

不过，请亲朋好友帮助介绍厨师有一个缺点，如果经营者在工作过程中发现这名厨师的水平和餐厅的要求有差距，不适合在餐厅中做厨师，碍于亲朋好友的面子，也许会不好意思辞退他。为了预防因为这种情况而影响和亲朋好友之间的关系，经营者可以事先和亲朋好友讲明，或者提前告知亲朋好友你对厨师的要求。如此一来，如果亲朋好友介绍的厨师的确达不到你的要求，完全可以把他辞退掉，也就不会伤及和亲朋好友之间的关系了。

4. 和专业的厨师培训学校合作

有些专业的厨师培训学校培训出的学员非常优秀，可以直接胜任餐厅里的工作。餐厅经营者可以和这些厨师培训学校合作，为厨师培训学校提供实习基地，条件是对学校培训出的学员要有优先聘用权。如果餐厅的规模比较大，需要的厨师比较多，有足够的条件为厨师培训学校提供实习机会，不如和厨师培训学校签订协议，通过长期合作解决聘用不到厨师的问题。

无论通过哪种方式聘请的厨师，都不能少了一个环节，那就是试菜。厨师的水平怎么样，可以通过试菜检验出来。在试菜的环节中，经营者可以多找几名比较专业的食客，请他们鉴定厨师的水平。一般情况下，只要能通过试菜环节，赢得专业食客的赞赏，在后期的实践中就不会出什么大的问题。

服务员的聘用

餐厅招聘服务员时，一般对学历和能力的要求不是太高，没有专业方面的要求，也没有什么高深的技术要求。不过，这并不意味着任何人都能做餐厅服务员。招聘餐厅服务员时，一定要慎重，只有挑选真心实意地希望做服务员的人，聘用之后才能脚踏实地，积极地投入到工作中。

那么，聘用服务员有哪些具体的要求呢？

1. 形象气质佳

作为服务行业，餐饮业对服务员的外在形象要求比较严格。对服务员来说，长得漂亮本身就是一种优势，在为顾客服务时总能给人一种赏心悦目的感觉。不过，漂亮并不是最重要的，最重要的是端庄大方、有气质。这种气质从何而来？从服务员对工作的热爱和自信中来。外在形象还体现在穿着上，服装干净整齐，顾客看着才舒服。相反，假如服务员穿的衣服很脏，也不整齐，看上去邋里邋遢的，这种形象就不能给顾客留下一个好印象。

2. 待人热情

待人热情是服务员对待顾客的最基本态度。服务员态度友善，才能让顾客感受到温暖。合格的服务员要待人热情，具有亲和力，能以最快的速度赢得顾客的认可。顾客对服务员的要求不多，只是希望来餐厅就餐时不被冷眼相待。

服务员只需要给顾客一个微笑，为顾客服务时热情一些，就能成为一名合格的服务员。

3. 不怕吃苦

服务员的工作虽然没什么技术含量，但是并不轻松。顾客刚进入餐厅时，服务员要引导顾客落座，辅助顾客点餐；顾客用餐过程中，服务员要端茶倒水，站在旁边做好服务；顾客用餐结束后，服务员要收拾碗筷，把餐桌擦拭干净。在工作时间内，服务员很少能坐下休息，大多数时间都在来回走动，或者站立原地等待为顾客服务。这种工作耗费了大量体力，工作负荷比较大，所以要求服务员有不怕吃苦的精神。

4. 沟通能力强

顾客进入餐厅后，最先与其直接接触的就是服务员。服务员沟通能力的强弱直接影响顾客的心情，决定着餐厅的业绩。说话水平高的服务员可以向顾客推荐经典菜品。顾客不同，消费习惯也各不相同，用餐过程中可能产生各种各样的疑虑，有各种各样的需要。身为服务员，如果没有很强的沟通能力，就很难解决顾客提出的各种问题，服务工作也就无法顺利进行下去。

一些餐厅要求服务员具有推销餐厅特色菜品的能力，希望借助服务员的推销更好地为顾客服务，同时为餐厅争取更多利润。如果服务员没有很强的沟通能力，向顾客推荐菜品时就会显得生硬，也就很难获得成功。因此，应该聘用那些表达能力强的服务员，把每一位服务员都打造成推荐菜品的专家。

优秀的服务员要求的工资待遇往往也高，对餐厅来说，这是一笔不小的开支。怎样才能节约这项开支，用最少的资金招聘服务员，为顾客提供最优质的服务呢？下面这个案例可以提供参考。

马先生新开了一家餐厅，厨师已经选定，只剩下服务员还没决定好。为了节约成本，马先生从农村老家招进几名刚成年的年轻女孩，约定每人月薪2000元。

这些年轻女孩文化水平不高，没什么技术，最初的服务水平不高，但是经过一段时间的培训之后，她们的水平提升了一大截，完全可以胜任服务员岗位。

由于培训到位，这些服务员的服务质量很快提升了很多。

马先生用很少的资金投入，招聘来几名没有社会经验、没有技术的服务员，却没有降低餐厅服务员的服务水平，是一个值得学习的经典案例。

总之，服务员的聘用并不像我们想象的那么简单，里面有很多学问。由于服务员直接和顾客接触，言行举止代表着餐厅的形象，影响着餐厅的发展。所以，服务员的聘用马虎不得，经营者一定要细心挑选，择优录用。

招聘收银员的注意事项

在整个餐厅中，收银员是相当重要的岗位，因为经济大权都掌控在收银员一个人手里。无论是餐饮公司还是其他公司，经济大权都是最重要的权利，因为它是公司的命脉。那么，在招聘收银员时有哪些事项呢？

人品好是收银员必须要具备的一项素质。因为收银员每天都要和钞票打交道，假如人品不好，收得的钞票就不能保证如数上交，很可能会占为己有。假如收银员为了把餐厅收入占为己有，就瞒报菜品的数量，必然极大地损害餐厅经营者的利益。因此，招聘收银员时，餐厅经营者一定要考察收银员的人品，保证收银员是一个忠厚老实、人品好的人。如果实在找不到合适的人选，可以建立严格的管控制度，严防收银员通过欺瞒的手段将收到的钱中饱私囊。如果是规模不大的小餐厅，经营者可以自己担任收银工作，这样做既能防止收银员捞取餐厅公共财产，又能节约用人成本。

张先生经营着一家小餐馆，为了节约用人成本，他自己做起了收银员。但是，最近生意红火，后厨忙不过来，他一时又找不到合适的人担任后厨工作，就随便招聘了一名收银员，自己到后厨帮忙。

到了月末，张先生清点款项时，发现这个月虽然生意兴隆，可是总利润还不及淡季时的利润多。这种现象十分异常，让张先生起了疑心，他把怀疑的目光投向了那名新招聘的收银员。

从这之后，张先生开始在暗地里观察那名收银员，发现他总是往自己包里塞钱，还在记账本上涂改。接连看到几次之后，张先生终于找到利润比淡季不增反减的原因。于是，他及时制止了收银员的行为，把他辞退了。

由此可见，招聘收银员最重要的是考察收银员的人品，只有人品好的人，才可以放心把经济大权交给他。如果发现收银员品行不端，最好不要任用，免得给自己带来不必要的麻烦。

虽然收银员的人品是最重要的，不过，人品并不是录用收银员的唯一考量。一个合格的收银员，除了人品好之外，还要具备一定的能力。经营者在招聘的时候还要注意以下问题：

1. 收银员要能辨别出假钞

即便是人品非常好的收银员，如果收进的钞票是假钞，也是绝对不可以任用的。因此，收银员要会使用验钞机，借助验钞机检验出假钞。由于一些验钞机无法识别出伪造技术很高的假钞，所以收银员还要具备一项能力，知道真钞和假钞之间的区别，可以靠肉眼识别出假钞。

2. 收银员要认真仔细

收银员的主要工作就是每天和钱打交道，如果收款时粗心大意，可想而知会有什么样的后果。生活中经常出现一些粗心大意的收银员，顾客明明递来一张10元的钞票，收银员却当成100元钞票找零。如果任用这种粗心大意的收银员，经营者能踏实吗？收银员应该具备认真仔细的工作态度，严防在收钱、找零的过程中出现纰漏，这样才算是一个合格的收银员。

3. 懂得使用网络支付工具

随着网络支付工具的日趋成熟，如今，许多年轻人到餐厅就餐都不愿意用现金支付，觉得那样太麻烦。在这种情况下，如果收银员不知道怎么使用支付宝支付功能、微信支付功能等网络支付软件，就无法应对这些顾客。假如餐厅不能使用网络支付功能，就会失去一部分顾客，这种损失是毫无必要的。经营者招聘收银员时，应该考虑这方面，防止因为收银员不会运用网络支付软件而导致一部分顾客流失。

4. 收银员不能有沟通障碍

假如顾客在结账时和收银员发生分歧，收银员却存在沟通障碍，那么收银处必然出现一阵小骚动。如果坐视这种现象不管，则不利于餐厅的名誉。收银员不能存在沟通上的障碍，例如不会说普通话，或说话口吃，或说话时容易脾气暴躁，这些都会影响收银员和顾客之间的交流。因此，经营者应该注意，尽量不要任用这类收银员。

其他岗位的招聘

在餐厅经营中，总经理、厨师、收银员的任命至关重要，但是这并不代表其他工作人员的任命就可以马虎。经营者还要注意以下人员的作用。

1. 保洁员

保洁员把卫生打扫好，可以改善餐厅的就餐环境，进而吸引更多顾客就餐，也可以让就餐的顾客心中踏实。在餐厅中，餐厅保洁是最基本的要求，是顾客选择餐厅的重要参考因素。

招聘保洁员时，应该注意保洁员的外在形象，看看保洁员的衣着是否整洁，手部、面部是否干净，指甲有没有修剪。因为保洁员的外在形象直接影响顾客对餐厅的评价。假如保洁员连个人卫生都不注意，邋里邋遢的，那就很难搞好整个餐厅的卫生。所以，招聘餐厅保洁员应该注重寻找那些注意个人卫生和外在形象的人，从而给顾客留下一个良好的印象。

除了外在形象要好外，保洁员还要注意谈吐。一些餐厅保洁员外在形象非常好，穿着打扮也很得体，可是说话很冲，总是恶语伤人，或者污言秽语，必然严重损害餐厅的整体形象。

2. 迎宾员

迎宾员是餐厅中负责迎接客人，把客人引领到座位上的工作人员。顾客从餐厅门口路过，第一眼看到的就是站在餐厅门口的迎宾员。假如迎宾员笑容满面，待人很有礼貌，就会给人留下一个好印象。可以说，迎宾员的素质直接关系到餐厅的名誉和工作，优秀的迎宾员往往可以体现出餐厅工作人员的精神风貌。

许多餐厅都热衷于形象比较好的女性，要求迎宾员说话客气，举止优雅、大方，希望招聘的迎宾员成为餐厅门口的一道风景，以此提升餐厅的档次，达到招揽顾客的目的。客人进入餐厅时，迎宾员会甜甜地说一句"欢迎光临，里面请"，然后优雅地推开大门，请顾客进去，之后把顾客带到餐桌前落座。

有些餐厅还希望迎宾员有超强的记忆力，可以熟记前来就餐的老顾客的信息，比如顾客的姓名、职业、单位、职务、爱好等。这样做的目的是让迎宾员和顾客套近乎，以此吸引回头客。

3. 泊车员

泊车员，说得简单一点，就是代顾客停车。顾客来到餐厅消费，可以把钥匙交给泊车员，然后直接跟着迎宾员进入餐厅。此时，泊车员会接过钥匙，把顾客的车开到餐厅前的停车位上，或开到餐厅的车库里。等顾客用餐完毕，从餐厅中走出来时，泊车员会把顾客的车开到顾客身边，把钥匙交到顾客手中。

招聘泊车员时，一定要找有驾驶证的，最好是驾驶经验丰富的。如果是没有驾驶证的人员应聘，绝对不能录用。需要注意的是，顾客开来的车可能是各种各样的，既有自动挡的，又有手动挡的，既有小汽车，又有中型客车。面对这种情况，只能开小汽车的应聘者肯定是不合适的。招聘泊车员时，要聘请那些可以熟练驾驶各种类型车的应聘者。

除了要求泊车员有熟练的驾驶经验外，还要求泊车员做事认真负责，人品比较好。另外，泊车员还要懂得一些泊车礼仪，比如顾客把车开到餐厅门前时，要主动跑到驾驶员一侧的车门旁，并热情询问顾客是否需要代为泊车。

第八章
员工的培训和管理

招聘完员工后，紧接着就是员工的培训和管理，因为对于餐厅经营者来说，招到合适的员工只是第一步，如何培训和管理员工，提升员工的综合素质和服务水平，才是最重要的。餐厅经营者应该采用科学的培训方法、合理的管理方式，才能更好地让工作人员高效地完成工作。

培训的方式

对新开的餐厅来说，新员工的培训工作非常重要。餐厅经营者应该采用科学的培训方法，这样才能收到良好的效果。一般来说，培训新员工时，可以分为讲解、示范、实习和实践四个步骤。

（1）讲解，是指讲解工作情况，把操作要领传授给受训的工作人员，还包括讲解餐厅文化、纪律和制度，提升工作人员的归属感和工作积极性。

（2）示范，是指培训讲师操作每一个动作，让受训的工作人员能真实看到。不过，要注意示范的速度，太快了容易让受训的工作人员理解不了，太慢了会浪费宝贵的培训时间。

（3）实习，是指受训的工作人员实际操作，培训讲师在一旁仔细观察，肯定并赞扬受训人员的正确动作，指出受训人员动作上的错误，并提出改进办法，直到受训人员掌握正确的动作。

（4）实践，是指把工作人员安排到具体的岗位上，让工作人员在工作的过程中总结经验，找出自身的不足之处。此时，工作人员还不够熟练，可能出现这样或那样的错误，培训人员应该经常给予指导，指出其中的不足之处。需要注意的是，工作人员在这个时候出现各种错误是正常现象，培训人员应该给予理解，不要太苛刻。

具体来讲，培训新员工时，经营者可以采用以下几种方法：

1. 角色模仿法

角色模仿法，也就是模仿真实场景，让工作人员感受现场气氛进行训练的方法。餐厅里的一部分工作人员可以模仿顾客，另一部分则以工作人员的身份与这些"顾客"接触，再从这种接触中找出弊端，并总结出实战经验。通过这种角色模仿法，餐厅可以找出目前的工作方式还存在哪些不足，再集思广益，共同探讨出一种最佳的解决方案。可以还原真实场景，让员工感受一下为顾客服务的感觉，或者让员工模仿顾客，站在顾客的立场上寻找工作中的不足之处。这种方法可以让员工更好地理解顾客的需求，从而提高服务质量。

这种角色模仿法不仅适用于工作人员和顾客之间，还适用于工作人员和工作人员之间。比如，可以让总经理和厨师之间，总经理和服务员之间，总经理和保洁员之间互相模仿，通过这种站在对方立场上的方式体会对方的感受。这种方式可以增进工作人员之间的了解，让工作人员都懂得站在别人的角度考虑问题，可以减少管理者和普通员工之间、不同岗位的员工之间的隔阂。

2. 录音训练法

最好的培训不是模拟真实场景，而是还原真实场景。工作人员在为顾客服务的过程中，可以用录音设备录下彼此之间的谈话，然后拿着第一手资料向经验丰富的工作人员请教经验，或者和其他工作人员互相沟通，彼此互助。餐厅领导可以组织召开会议，在会议上认真分析录音资料，并告诉所有工作人员录音中的服务工作哪里没做好，今后遇到同样的问题如何改进。

这种方式可以增强工作人员的语言表达能力，强化工作人员解决问题的能力。通过播放录音、交流经验的方式，那些缺乏服务常识、没有服务经验的新人能迅速成长起来，提高服务水平。服务水平提高了，服务人员将更加自信，工作能力将更为突出。

3. 探讨法

探讨是指培训讲师提出某个问题，设定一些限制条件，邀请受训的工作人员一起商讨。工作人员之间互相探讨，也是一种培训方式，而且是一种非常有效的培训方式。工作人员之间既可以商讨工作过程中遇到的问题，也可以商讨真实的案例。

培训讲师提出某个问题后，受训的工作人员可以根据提示分析问题背后的细节，然后给出自己的见解。其他工作人员则认真听讲，等对方发言结束后，再提出自己的见解。这种方法可以让工作人员互相弥补不足，也可以培养工作人员分析问题、解决问题的能力，是一种效果明显的培训方式。

不过，探讨法不容易实施，需要培训讲师有较强的组织能力。进行讨论之前，工作人员应该提前准备，提前预习即将讨论的内容，避免出现工作人员因为不了解要讨论的内容而闭口不言的现象。

服务人员礼仪培训

餐饮业属于服务行业，在服务行业中，礼仪是非常重要的。服务人员应该注重礼仪，用优雅、得体的服务赢得顾客的好评。所以，在餐厅里，要注重服务人员礼仪的培训，让服务人员穿戴整齐，坐有坐相，站有站相。

在现实生活中，我们经常可以看到一些人的外在表现不佳，甚至表现得非常糟糕，原因是什么？就是因为他们不注重礼仪风度。有些服务人员在餐厅里吸烟，甚至拿菜碟当烟灰缸；有些服务人员随地吐痰，一点儿都不注意公共卫生；有些服务人员一开口就是脏话、粗话，在大庭广众之下吵吵嚷嚷，一点儿都不顾及顾客的感受：这些都是缺乏礼仪的表现。

所以，餐厅经营者必须做好服务人员以下几个方面的礼仪培训工作。

1. 领台服务礼仪

客人来到餐厅门口时，迎宾员要热情迎接，主动问候。可以一边把顾客往餐厅引领，一边询问顾客是否有预约，或者问顾客一共有几位，之后把顾客引领到令顾客满意的位置。

对顾客的称呼可以根据对方的年龄，一般应称呼为"先生"或"女士"。等顾客用餐完毕后，要有礼貌地欢送顾客，说告别语，或者说"欢迎下次光临"，之后目送顾客离开餐厅。

2. 值台服务礼仪

开菜、点菜、斟酒、派菜、分菜等都属于值台服务礼仪。等顾客被领到餐桌旁时，值台服务人员可以主动向顾客打招呼，给顾客拉开椅子，请顾客坐下。给顾客送菜单时，要用双手递。在顾客看菜单期间，值台服务人员要优雅地站在顾客旁边，耐心地等待顾客点菜。如果顾客对某个菜有什么疑问，值台服务人员要用温柔的语气详细解答，给顾客提供更多信息。顾客点菜完毕后，在等菜的过程中，应该给顾客倒上茶水，最好提醒顾客需要等待的时间。

3. 走菜服务礼仪

这里说的主要是端菜、上菜和撤掉菜碟。端菜的时候，应该借助托盘，而不是直接用手端菜。一些服务员不注意，手端菜时没有借助托盘，甚至手指头碰到了顾客的菜，这是很不卫生的，顾客看到后肯定会特别反感，脾气好的也许默默忍受，之后再也不来，脾气不好的也许当场就爆发，在餐厅内大发雷霆。另外，摆放菜碟时，服务员记得要把菜碟摆放平稳，不可使其洒出或流出菜汤。假如要撤掉菜碟，就要先征求顾客的同意，如果顾客反对，千万不要和顾客争辩。如果得到了顾客的认可，就可以把菜碟撤走。不过，撤走菜碟时务必要小心翼翼，避免把菜汤洒在其他菜里，更不可以把菜汤洒在顾客身上。

4. 账台服务礼仪

顾客结账时，收银员一定要面带微笑，不可愁眉苦脸的。收银员要面朝顾客，温声细语地说："您好！您一共消费××元，刷卡还是现金？"顾客把钱递过来后，收银员要双手接过，当着顾客的面点清，找零时也要双手奉上。如果顾客刷卡结账，收银员要善意提醒顾客输入密码、签字并收好银行卡。如果收银员一直坐在收银台旁，就要保持优雅的坐姿，不可跷二郎腿。

5. 厨台服务礼仪

在厨台工作的人员，一定要注意个人卫生。要把手洗干净，把头发梳理好，整理好面容，戴上工作帽，穿上工作服，系上围裙。为保持整洁，工作服应该经常换洗。如果工作过程中流汗，可以找一条毛巾擦拭，千万不可以用袖子擦汗。当众剔牙、挖鼻、挖耳、搔痒、抓头发的行为都应该禁止。如果感冒，应该及时就医，不能带病操作，否则在工作场合内打喷嚏、流鼻涕就太不卫生了。

总之，一句不文明的话，一个不雅观的动作，都可能让顾客反感，导致失去一个顾客。所以，要特别注意服务人员的礼仪培训，不求事事完美，但求万事尽心。

服务方式要因人而异

作为服务人员，可能会遇到各不同类型的顾客。由于他们的就餐特点存在很大的差异，所以服务员的服务方式要因人而异，这样才能赢得顾客的认可，为餐厅争取更多的回头客。

针对不同类型顾客的特点，下面列出具体的服务方式。

顾客类型	就餐特点	服务方式
善于观察，喜欢算计，客的利益被人侵害	奇刻，喜欢挑毛病，要求于净卫生、上菜时间快、菜品符合口味	✿服务员要小心谨慎，在任何环节都要避免失误 ✿顾客挑剔时，不可与其争辩，让顾客看到你的诚意 ✿详细介绍菜品的原料和价格，多征求顾客的意见
喜欢沉默，点菜时不喜欢听别人的意见	看菜谱时比较细致，听到服务员介绍后比较冷漠，而不是立即做出表示	✿服务员要有耐心，不可急着征求顾客的意见，更不能再三催问顾客是否点菜 ✿一般情况下，顾客落座后，只需要询问一次顾客的意见就可以
喜欢交流，不计较菜品的价格，甚至不在乎上什么菜	服务员引导顾客点餐时，一般能听从服务员的意见	✿服务员应该把决策权交给顾客，而不是自己做决定 ✿虽然这类顾客比较好伺候，但是服务不可因此怠慢，而是要尊重顾客，对顾客热情一些
爱表现自己，喜欢吹牛	喜欢吹牛，就餐时喜欢评点菜品，把自己看成一位美食家	✿服务员要小心谨慎，精心挑选菜品 ✿放低姿态，赞誉客人的博学多才，谦虚地向顾客请教菜品的相关知识 ✿切忌提的问题太专业，否则顾客答不上来，就会觉得很尴尬

续表

傲慢、说话声音大	举止粗鲁，易怒，不知道尊重服务员，喜欢训斥别人	✿服务员要多忍让，克制自己的情绪，对顾客宽容一些 ✿不可和顾客据理力争，受了委屈不能当场发作
左右为难，犹豫不决，不知道怎么选择	点餐时占用时间太长，经常不知道该如何选择，对菜品的知识缺乏了解，疑心比较重	✿问清楚顾客为难的原因 ✿不要摆出一副不耐烦的样子 ✿服务员要积极引导，主动向顾客推荐餐厅的特色菜
好面子，喜欢气派	点餐时比较大方，经常选择价格比较高的菜品	✿服务员要照顾顾客的面子，满足其虚荣心 ✿介绍菜品时，要体现出菜品的高规格 ✿服务时，要细致入微，衬托出顾客的尊贵地位

　　上表介绍了一些类型的顾客的特点，为这些顾客服务时，服务员要根据他们的不同特征，采取不同的服务方案。服务员要细心观察顾客的每一个动作，聆听顾客的每一句话，然后根据顾客的就餐特点，采取针对性比较强的服务。无论是什么样的顾客，服务员都要做好服务工作，这样才能赢得顾客的好评，把顾客发展成回头客。

员工说话培训

　　"顾客就是上帝"，在餐饮业，服务至上的理念永远都不会过时。好的服务能给客人留下好的印象。餐厅每天要接待不同的客人，这些客人来自四面八方，想为他们提供更好的服务，就要注重员工的说话培训。要让服务员善于说话，和客人沟通时能做到准确、有效。

　　在培训说话的过程中，首先应对称呼问题进行培训。通常情况下，服务员要称呼顾客为"先生"或"女士"。如果知道对方的姓氏，在"先生"或"女士"之前冠以姓氏就更好了。除了这些称呼外，还可以称呼为"大哥""大姐""帅哥""美女""叔叔""阿姨"等。假如碰到一些商务人士，最好称呼对方的职务，如"刘经理""王总"等。

　　培训完员工怎么称呼客人后，接下来就是培训员工怎么问候客人。比如，员工至少要知道在哪个时间段说早上好，在哪个时间段说中午好，在哪个时间段说晚上好。如果遇到节假日，员工要懂得问候客人节日快乐。比如，新春佳节时说"新年快乐"，中秋佳节时说"中秋快乐"，国庆节时说"国庆节快乐"等。

　　和客人说话时，要注意礼貌用语。给客人上菜之前要征询客人的意见，温柔地问一声："美女，您点的餐现在可以上了吗？"给客人打开酒之前也要询问一声："先生，现在可以为您打开酒了吗？"客人点餐完毕后，可以补充说一句："请问您还有别的需要吗？"或者说："如果您有别的需要，请吩咐我们。"有些服务员不懂得征询顾客的意见，还没等顾客同意就擅自把菜端上来，把酒打开，把菜碟撤走，这样很不礼貌。也许客人要请重要的人吃饭，因为要请的人还没到，所以才一直没让上菜。空菜碟也许顾客还有需要，并不想让服务员撤走，服务员自作主张撤走是非常不礼貌的。餐饮服务注重服务质量和礼貌，所以服务人员应该多用礼貌用语，多说几个"请"字，多说几次"谢谢"，给客人一个舒畅的心情。

当然，千人千面，不同的客人，性格各不相同。客人的身份、兴趣、职业不同，餐厅服务人员和客人交流时的说话方式要有所不同。和客人说话要投其所好，这样容易获得客人的好感。与客人聊天时，可以根据客人的性格，选择客人感兴趣的话题，而不是不顾客人的感受，只根据自己的喜好随便聊。

客人进店时，不能问："您要吃饭吗？就您一个人？"也不能说："你们人少，换一张桌子吧，跟我到这里来。"请顾客点菜时，不能催促客人点菜："可以点菜了吗？"或站在客人身边，生硬地讲："请点菜。"如果客人需要服务员介绍一下有什么菜，服务员不可以生硬地说："菜单上都写着呢，您还问我！自己看就行了。"如果顾客对菜品不满意，要求服务员撤回厨房重做时，千万不能说："您事真多，这道菜做得不是挺好的嘛，怎么就不能吃了呢？"

假如顾客问有什么好酒、好菜，服务员不可以说："我们这里的所有酒菜都是好的。"如果客人问服务员："这道菜是怎么做出来的？"服务员不能说："我也不知道。"更不能说："我又不是厨师，只是名服务员，哪里知道菜是怎么做的。想知道是怎么做的，您应该问厨师。"面对这种情况，服务员可以说："对不起，我业务不太熟练，请您稍等，我帮您问一下大厨。"

留住员工的激励方法

在餐饮行业，由于员工的工资偏低，所以流动性很大。其实，任何一位经营者都不希望自己辛辛苦苦培养的员工突然辞职，这就需要经营者在留住餐厅员工的问题上不能"临时抱佛脚"，而是要"平时多烧香"。在平时的管理中，经营者应该多注意凝聚人心。

餐厅留住员工有两种激励方法：一种是物质激励，另一种是精神激励。这两种激励方式各有特点，都能在留住员工上起到一定的作用。

1. 物质激励

物质激励，就是使用物质手段激励员工，让员工得到物质上的满足。这种方法可以有效调动员工的积极性，提升员工的创造力。如今，人们的物质需要越来越强烈，物质激励恰好满足了员工的这一需要。物质需要是人类的基本需要，所以物质激励是激励的主要模式，工资、奖金、礼品等都属于物质激励。

物质激励一定要公平公正。每一家餐厅的员工都有攀比心，都希望得到经营者的公平对待，所以喜欢和其他人做比较，一旦不如别人的工资高、待遇好，就会闹情绪，工作的积极性不再如以前那样高，甚至萌生辞职的想法。所以，经营者给员工物质激励时，要公平公正，一视同仁，遵照同一个标准，否则一定会产生不好的影响。不过，这并不代表着要采用同工同酬的工资制度，因为同工同酬的工资制度不利于资格老、经验丰富的员工保持持续的积极性。

物质激励有许多方式，比如分红、加薪、提升福利、补充住房基金、提供更好的办公条件等。

2. 精神激励

精神激励也是调动员工工作积极性的有效方法。物质激励无法触及的地方，可以借助精神激励，来缓解某一时期员工内心的不平衡。

员工对物质的追求是为了满足生存需要，其被人尊重和自我实现的需要同样希望得到满足。什么是被人尊重的需要呢？就是对名声、威望的追求。而自我实现的需要是指员工希望最大限度地发挥自己的潜能，实现自身理想。

餐厅经营者应该注重精神激励，让员工看到自己努力的成果。因为员工对餐厅的发展目标越清晰，其对餐厅的向心力就越强。因此，优秀的领导者要通过精神激励法激发员工的潜能，让员工认识到自身的能力，让他不断提升。

我们常听见一些员工抱怨："老板什么时候知道有我这个人呀，恐怕我不捅娄子，他就一直不认识我。也许在外面见了我都不知道我是他的员工。"可见，餐厅经营者要多称赞自己的员工，不要让他们觉得不被老板重视。从员工的角度出发，谁不希望得到老板的重视呢？

总之，物质激励是留住员工的关键所在，而精神激励则是调动员工积极性的重要因素，二者相辅相成，定然能够凝聚人心，减少员工流失。

辞退员工的方法

为了节约人力成本，淘汰能力不行的员工、辞退那些跟不上餐厅发展的员工是经营者必须面对的一个问题。不过，辞退员工不能任凭经营者的喜好，盲目辞退员工会让在职员工寒心，重创他们的工作积极性。

例如，在辞退员工的过程中，许多餐厅经营者往往错误地认为，只要是试用期没过，餐厅就可以随便辞退员工。或者觉得，只要餐厅已经给员工提供经济补偿，并且已经提前一个月告知被辞退员工，就可以名正言顺地辞退员工。实际上，这样做很可能会让餐厅陷入源源不断的劳动纠纷案件中。

餐厅辞退员工属于一方要解除劳动合同。解除劳动合同指的是，劳动合同签订之后，还没有完全履行劳动合同，就因为一些原因导致劳动合同一方或双方当事人提前终止合作，解除劳动关系。其实，解除劳动合同关系重大，为了保障相关人士的利益，《劳动法》对解除劳动合同的条件和程序做了严格的规定。所以经营者必须恪守《劳动法》，做好员工的辞退工作。

在试用期期间，假如员工的个人能力和餐厅的要求不符，不能满足餐厅的要求，或者培训后依然不能达到餐厅需要水平的，可以予以辞退；员工在职期间，如果犯了重大错误，或不服管教，多次与公司的规章制度背道而驰的，也可以予以辞退；如果出现徇私舞弊的现象，给餐厅造成重大损失的，也可以予以辞退；如果一名员工为公司创造的利润太少，还不足以满足公司为他支付的工资和福利，给公司带来负效益，也可以辞退。

不过，辞退员工不能太直白，而是要讲究一定的技巧和方法，不能因为辞退员工而让他怀恨在心。总的来说，辞退员工应该注意以下几个问题。

1. 要符合法律规定

中国法律为了保障人民的权利，不允许公司辞退患有职业病或因工负伤的员工，因为他们要么完全丧失劳动能力，要么部分丧失劳动能力，被辞退后生活将无以为继。患病或并非因工负伤但是在规定的医疗期内的员工，也不可以辞退。处在孕期、产期和哺乳期的女员工，也不可以辞退。

满足辞退条件的，应该根据法律要求辞退，给予被辞退员工适当的补偿。可以按照劳动合同规定，每为餐厅服务一年，被辞退时就要多补偿一个月薪水。总之，辞退员工时，要站在员工的角度考虑问题，明确告诉员工为什么辞退他，并且主动向员工提供帮助。

2. 避免选择特殊日期

辞退员工应该掌握恰当的时机，不能在特殊日期辞去员工。比如，要调查一下那一日是不是员工的重大节日，如结婚纪念日、生日等。假如刚好选择了这样一个特殊的日子，可能会引发比较大的矛盾冲突，给员工造成很大的伤害。如今，国家提倡以人为本，辞退员工理当规避这种特殊日期，选择一个合适的日子是最好的。

3. 提前做好准备

辞退员工让人难以启齿，一些没有提前做好准备的经营者可能会因为顾及脸面导致面谈失败。所以，当面和员工交流时，要提前做好准备。

首先，要合理安排面谈时间，不可使面谈的时间太过短促，给员工一种草草了事、不拿员工当回事的感觉，也不要让时间拖得太长，以防增加经营者的负担，同时也给员工很大的压力。通常情况下，应该把谈话时间控制在十分钟左右，千万不可拖拉。

其次，要选择一个合适的面谈地点，不能当着众人的面辞退员工。为了缓解员工的压力，营造一种轻松愉快的环境，可以找一个轻松一点的地方。所选的地方应该有一定的私密性，不要选择有人在场的地方，可以选择没有人的办公室。

4. 态度要坚决

一些经营者辞退员工时，安慰的力度有些大，这样反而会适得其反。例如，一些经营者辞退员工时拉不下面子，所以对员工说："我知道不应该辞退你，应该再给你一个机会。其实你的能力还是不错的，再努力努力也许可以胜任自己的本职工作。""你有一定的实力，能力突出，肯定能找到一份更好的工作。""如果实在找不到工作，可以再回来，公司会拉你一把。"这样说虽然能给被辞退员工一些安慰，但是也会让被辞退员工产生一些幻想，觉得自己不一定会被公司辞退，还有回旋的余地，只要再和领导商量一下，就可以让领导收回成命。因此，辞退员工的语言应该坚决一些，要明确告诉员工，不让员工抱有幻想。

第九章
招牌菜是最强竞争力

所谓招牌菜，指的是餐厅的特色菜，也就是被点率比较高，可以代表餐厅菜品特色的菜。它可以是一道菜，也可以是一个菜系，是一个餐厅区别于其他餐厅的"法宝"。从某种程度上说，招牌菜的好坏直接影响餐厅的客流量，与餐厅的营业收入直接挂钩。因此，餐厅经营者一定要打造好招牌菜。

招牌菜色彩搭配要好

中国的饮食文化一直都很注重"色香味俱佳"，所以打造招牌菜时，除了味道要好，还要注重色彩的搭配，给客人一种赏心悦目的感觉。从某种程度上说，色彩的搭配直接影响招牌菜能否吸引客人的目光。

打造招牌菜时，一定要保证菜品的色泽纯正，因为只有这样才能诱发顾客的食欲。假如菜品的色泽不纯，就会给人一种很不专业的感觉。有些疑心很大的顾客甚至会怀疑："厨师使用的原料是不是出了什么问题，难道质量不过关？"也就是说，如果招牌菜的色彩搭配不过关，很可能会失去客人的信赖。

对于顾客来说，评论一道菜首先看到的是这道菜的色彩，所以对一道菜的第一印象是它的色彩，而不是味道。如果这道菜的色彩搭配不够好，必然会影响顾客对它的评价。因此，厨师一定要注意菜品的色泽美，依据菜品的颜色协调好招牌菜的整体颜色。

比如，肉类烹制好后颜色比较单一，此时，可以在盘中放些鲜绿的青菜做点缀，或者放一些颜色艳丽的其他食材，就会让人食欲大增。这种手法经常用于食物的搭配，许多菜品颜色单一，都会选择撒一些红辣椒或放一些香菜叶，顿时就能使整道菜看起来鲜艳、亮丽，令人胃口大开。

那么，如何让菜看色彩搭配得当，勾起人的食欲呢？就要记住"本、加、配、缀、润"这五个字。

"本"是指在烹饪的过程中充分利用食材的本来颜色。比如，可以利用火腿、红辣椒、西红柿、胡萝卜等的红色，利用蛋黄、生姜、韭黄等的黄色，利用海参、黑木耳等的黑色，利用银耳、白萝卜、白菜等的白色，利用青椒、青葱、菠菜、韭菜、蒜苗等的绿色。

"加"是指加一些人工色素，使那些色彩不太艳丽的食材看上去艳丽一些。例如胭脂红、苋菜红、日落黄、赤藓红、柠檬黄、新红、靛蓝等。不过，许多合成色素不仅无法提供人类所需要的营养物质，还影响人体的健康，产生许多不良反应，甚至能诱发癌变。所以，要以健康为主，不可轻易使用色素。尤其色素的使用量要注意，在实际烹调时，应严格按照国家规定标准执行。比如，柠檬黄和靛蓝不得超过万分之一，苋菜红和胭脂红不得超过万分之零点五。

"配"指的是在烹调过程中，把几种色彩各不相同的食材搭配到一起，让它们互相衬托，使彼此的颜色更好看。一般情况下，颜色的搭配分为两种，分别是顺色配和逆色配。像红色和黄色这些暖色，以及翠绿和深绿这些中性色，都属于顺色配。逆色配跳跃感很强，色彩的反差比较大，给人非常强烈的视觉冲击力。需要注意的一点是，颜色相近的食材应该避免互相搭配，因为颜色相近，搭配效果不明显。

"缀"就是点缀，用一些具有强烈色彩的食材点缀菜品，充分体现艺术美和形态美。点缀与围边可以让菜肴看上去更好看，同时又可以节省时间、原料，是一种经常使用的方法。

"润"指的是在菜肴上增加一些调料润色，或用菜碟润色菜肴。这都可以使原先的色彩更引人注目，衬托出菜肴的色泽，让人感到清新。菜肴装盘时，要注意整个菜肴的色和形，使二者保持美观，使用恰当的盛装技术把原料在盘中摆成一定的形状，并注意主料和辅料的配合，让盘中的菜肴保持艳丽的色彩。

招牌菜最好结合养生

俗话说："民以食为天。"饮食具有维系人类生命，促进人体健康的功效。不过，现代人的饮食结构已经发生改变。随着饮食结构的改变，诱发了高血压、高血脂、心脑血管疾病、糖尿病、肥胖症等疾病的出现。调查发现，这些疾病的出现和人类的饮食习惯存在着密切的关系，大多数疾病都是不健康的饮食习惯导致的。

因此，养生越来越受到人们的重视，已经成为现代人生活的主旋律。在这种大环境下，餐厅经营者应该迎合主流趋势，把招牌菜和养生结合起来，以此招揽顾客，让越来越多的人来餐厅消费。

事实上，许多人都非常注重养生，担心餐厅里的菜肴损害健康，所以很少进餐厅消费。这种现象在老年人身上表现得最为明显，许多老年人正因为担心餐厅里的菜肴容易诱发疾病，甚至加重自身病情，才不敢在餐厅中就餐。

在这种情况下，一些餐厅把特色菜和养生结合起来，推出养生菜，满足了广大消费者群体的需要。那么，什么是养生菜呢？其实就是绿色菜，没有公害的菜，对身体健康有益的菜。餐厅经营者可以根据现代人不同的体质和不同的身体状况，制定多种多样的养生菜，以此提高现代人的饮食水平，改善大家的身体素质，让大家的饮食质量有一个质的飞跃。

1. 野菜养生

野菜是自然界生长的一种植物，可以食用，被誉为"大自然的宝藏"。野菜没受过农药和化肥的污染，属于纯绿色食品，有丰富的营养，是一种非常可口的食物。许多野菜都有养生功效。例如，蕨菜具有益气养阴的功效，对筋骨疼痛、小便不利等病具有良好的功效；蒲公英能清热解毒，适合糖尿病患者食用；野苋菜对治疗肠炎、膀胱结石、痢疾等疾病有辅助作用。如今，许多高级餐厅都推出养生野菜，深受广大顾客好评。

比如，一些经营者特意开了一家荠菜馆，推出荠菜炒辣椒、蒜泥荠菜、荠菜熘鸭脯、荠菜肉汤圆、荠菜春笋等特色菜，吸引一大批注重养生的食客前来消费。这类养生菜做法简单、成本低廉，之所以深得广大食客的好评，就是因为它和养生相结合，有助于食客的身体健康。据调查，荠菜可以降血脂、降血压，还具有清热解毒、利尿明目等功效。

2. 冬季养生菜

中医认为，冬季是肾经旺盛之时，因而，养肾防寒是冬季养生的特点，肾功能正常，便可以调节肌体适应冬天带来的天气变化。因此，餐厅经营者也可以根据时令推出养生菜，以吸引顾客。

冬季的天气比较寒冷，自然界里的万物开始衰败。体内缺少铁和钙的人，冬季怕冷，如果多补充铁和钙，就可以提升御寒能力。所以要多吃一些含铁、钙丰富的食物，如绿叶蔬菜、蛋黄、豆类、海带等。

此外，莲藕具有凉血补血的功效，肋排含有高质量的钙和胶原蛋白，所以莲藕炖排骨是不错的冬季养生食物；山药羊肉汤具有补脾胃，益肺肾的功效；香菇蒸鸡腿可以很好地保护血管，并增强耐寒能力等。总之，冬季是适合滋补的季节，餐厅可以多推些具有滋补功效的菜肴，以彰显自己的特色。

3. 其他养生菜

除了野菜养生和冬季养生菜外，还有许多菜肴可以和养生相结合，对人体的健康起着非常大的作用。比如，槐花清蒸鱼可以清热利湿，对治疗口渴、便秘等有很好的效果；无花果炖猪肺具有清热生津、健脾开胃、解毒消肿等功效，对治疗肠热便秘、消化不良等疾病有一定的辅助作用；番茄牛腩可以用于生长发育和手术后的患者调养食疗，非常适合补充血液，修复组织，同时可以滋养脾胃、化痰息风、强健筋骨。

打造招牌菜时，如果融入养生元素，就可以吸引那些注重养生的人，增加餐厅的顾客量。所以，经营者打造招牌菜应该适当考虑养生元素，迎合注重养生人群的心理。

打造招牌菜的方法

在经营餐厅的过程中，常常听到顾客询问服务员："你们店里的招牌菜是什么？来一份！"在广大食客心目中，招牌菜是一家餐厅的特色菜，是餐厅的主打菜，代表着餐厅的信誉，地位在其他菜肴之上。从某种程度上说，招牌菜是餐厅的代名词，可以反映出这家餐厅菜肴的水准。

由此可见，打造招牌菜可以帮助餐厅树立一个好品牌，提高餐厅的知名度，让餐厅的生意更火爆。那么，如何才能打造一道好的招牌菜呢？

1. 从当前菜单中挑选

客人询问餐厅有什么招牌菜时，一些餐厅经常告诉客人："我们餐厅没什么招牌菜，拿得出手的还没有。""我们只是一家普通的餐厅，不知道怎么打造招牌菜。"这是餐厅的大忌，将严重损害餐厅的信誉。

其实，餐厅经营者只要用心，从当前比较受顾客欢迎的菜肴中选出几样，进一步加工、处理后，就可以把它们打造成招牌菜。在打造招牌菜的过程中，可以奉行一个理念：人无我有，人有我精。无论是在菜的口味上，还是在菜的分量上，都要比其他餐厅更有竞争力。

2. 招牌菜要取个奇特的名字

顾客都有强烈的好奇心，看到一个稀奇的名字后，很可能因为这个独特的名字而点这道菜。比如，一些餐厅用古诗词为各类菜肴命名，有的叫"两个黄鹂鸣翠柳"，有的叫"孤舟蓑笠翁"，有的叫"霜叶红于二月花"。也有的招牌菜虽然没有用古诗词命名，但是名字也很独特，给人一种耳目一新的感觉。比如，一些招牌菜被命名为"魔鬼鸡""霸王汤"等。

3. 广告效应

一位著名的广告策划大师曾经说过："产品加上大量的广告就是品牌，品牌加上大量的广告就是名牌。"在电子产品、汽车、酒类、药品行业，这句话非常适用；在餐饮行业，这句话同样非常适用。

一般来说，招牌菜的广告可以在餐厅附近做，可以贴在餐厅的店面和大厅内，也可以印在餐厅的灯箱广告上，或者印在餐厅的传单上。如果是连锁企业或大型餐饮企业，招牌菜就不能只贴在店面、大厅和餐厅的灯箱广告上了，可以在报刊、杂志上刊登广告，甚至可以在电视节目中插播广告。

4. 招牌菜创新不能靠稀奇原料

所谓的创新，并不是指采用稀奇古怪的原料，而是用别出心裁的创意把原来就有的原料烹制出不一样的味道，和其他餐厅固有的菜肴相区别。

有些餐厅觉得创新就是寻找一些稀奇古怪的原料，走标新立异的路线。比如，一些餐厅用鸵鸟肉、蟒蛇肉等打造招牌菜。其实，这种打造招牌菜的风险很大，轻则由于价格太高而得不到太多顾客响应，重则由于触犯法律而被法律制裁。

站在食客的角度分析，食客很难接受奇怪的食物，也很难接受奇怪的味道。虽然有一些食客愿意尝尝新鲜的菜肴，但是不可能愿意一直吃这些奇怪的菜肴。而且这些物品比较稀缺，并不是随处可见的，原材料的来源是一个不易解决的问题，要受季节、运输条件和保管条件的影响，经常会出现断货、变质的现象，甚至会触犯法律。因此，以稀奇的食材做招牌菜，餐厅要担负的风险太大，很难形成一定的规模。

打造招牌菜的禁忌

打造招牌菜可以打响餐厅的知名度，增加餐厅的影响力，为餐厅创造丰厚的效益。然而，成功打造招牌菜不是一件容易的事情，有许多禁忌需要注意。如果经营者忽视这些禁忌，很可能会失败，甚至会触犯法律。

因此，经营者在打造招牌菜时应注意以下禁忌。

1. 打造招牌菜忌触犯法律

新闻上多次播报，一些餐厅为了吸引顾客，竟然铤而走险触犯法律，宰杀国家保护的野生动物。狍子、野山羊、细鳞鲑、麋鹿等都是国家保护动物，任意宰杀是违法行为，会受到法律的惩处。

一些餐厅为了打响餐厅的知名度，公然打着"珍奇野味"的广告牌，教唆村民使用猎枪、绳索、陷阱等工具非法猎获国家保护动物。这种为了打造招牌菜，不惜触犯法律的行为，是不可取的，餐厅经营者一定要及时醒悟，迷途知返。

还有一些农家乐的老板，自认为以珍奇野味做餐厅招牌菜的行为是司空见惯的，并不会触犯法律。虽然这些农家乐生意火爆，但是已经在不知不觉间触犯了法律，必然会受到严厉的惩处。

2. 忌用不安全的原材料

招牌菜比较特殊，所使用的原材料有许多是不常见的，甚至是经营者擅自"创造"的。对此，经营者最应该注意的是原材料的安全问题，要保证所寻找的原材料能够让顾客放心食用，不能危害顾客的身体，甚至危及顾客的生命。

然而一些经营者为了满足顾客的猎奇心理，没有询问专业人士，就盲目选用一些有毒的野菜，最后酿成大祸。虽然一些野菜口感好，营养价值高，但是不能乱吃。采摘野菜或购买野菜时，要保证它没有毒。

3. 招牌菜取名忌名不副实

虽然为招牌菜取一个稀奇的名字能促进销售，但是招牌菜的命名有一个前提条件，那就是要名副其实。因为无论菜名取得多好，多稀奇，都不能弥补名不副实造成的损失。

比如，为招牌菜取名为"猛龙过江"，实际上是一碗清汤上面漂着一根葱；为招牌菜取名为"母子相会"，实际上是黄豆炒黄豆芽；为招牌菜取名为"青龙卧雪"，实际上是一盘白糖上面放根青黄瓜；为招牌菜取名为"关公战秦琼"，实际上只是一盘西红柿炒鸡蛋。

食客看到稀奇的名字，怀着极大的兴趣点了一道菜，等服务员把这道菜端到饭桌上时，发现竟然是毫无特色的家常菜，就会有一种被捉弄的感觉，也许从今往后再也不会来这家餐厅。

4. 招牌菜不宜过多

在一家餐厅中，如果每道菜都被打造成招牌菜，只会产生一个结果：最后所有菜都不是招牌菜。打造招牌菜不宜过多，规模较小的餐厅可以推出两三个，规模较大的餐厅可以推出十几个。因为推出的招牌菜如果过多，就会损害招牌菜的知名度和影响力，最终导致招牌菜不像招牌菜，普通菜又不像普通菜。打造招牌菜时，一定要突出中心，让餐厅的招牌越来越精，远远超过其他餐厅。而不是许多菜看齐头并进，妄图把所有菜都打造成招牌菜。

第十章
菜单设计激起点餐欲望

菜单展现了餐厅的菜肴和菜肴价格，是餐厅的名片。因此，一本优秀的菜单对餐厅的经营非常重要。菜单中的菜肴决定着餐厅经营者要购买哪些厨具、餐具、设备，以及要购买的数量。所以，设计菜单时，既要符合餐厅的管理，又要符合顾客的消费习惯。

菜单对餐厅的影响和重要意义

　　菜单作为餐厅的重要一部分，其展现了餐厅的菜肴和菜肴价格，是餐厅的名片，是餐厅服务的基础，也是餐厅服务生产和销售的重要依据，值得餐厅经营者花费精力去做好。

　　我们知道，对于电脑来说，硬件和软件都是必不可少的一部分。同样道理，对于餐厅来说，硬件和软件也是必不可少的一部分。餐厅的设备、装修就像餐厅的硬件，而菜单设计和服务就像餐厅的软件。从某种程度上来说，相比其他载体，它更准确地展示了一家餐厅的服务信息。因此，一本优秀的菜单对餐厅的经营非常重要。

　　李先生第一次开餐厅，没有任何经验。在朋友的帮助下，餐厅从调查商圈、选址、装修到购买设备、招聘工作人员，一切都顺风顺水。

　　餐厅的各项工作都在紧锣密鼓地进行着，唯独设计菜单被李先生忽略了。李先生缺乏经验，以为设计菜单时只需要找几张纸，把菜肴的名字随便写上去，顾客点餐时能看到，就已经足够。他是这样想的，也是这样做的，出自他手的菜单显得那么粗糙，一下拉低了餐厅的档次。顾客看到装修豪华的餐厅后来到这家餐厅，看到平凡无奇的菜单后又从这家餐厅离开，觉得自己来错了地方。

　　菜单是餐厅的名片，直接影响顾客对餐厅的评价。设计菜单时，要设计一份合理的菜单，既符合餐厅的管理，又符合顾客的消费习惯。实际上，餐厅的各个方面都受菜单的影响。一份好的菜单对餐厅意义重大。

　　1. 设备采购

　　菜单的菜式品种决定着餐厅购买什么样的设备、厨具和餐具。如果菜单中有牛排，就必须配备烤箱，而不是拿其他厨具凑合；如果菜单中有烤鸭，就必须配备烤炉，不能错误地认为有了炒菜锅就万事大吉。菜单中的每一样菜，都要运用恰当的厨具烹制，都要采购相应的餐具。也就是说，菜单中的菜看决定着餐厅经营者要购买哪些厨具、餐具、设备，以及要购买的数量。如果菜式的品种很多，那么需要购买的设备种类也就会相应增加。

　　2. 厨房布局

　　制作菜品时，必须要在厨房中操作，所以要在厨房中划分出各种操作所占用的地方，并确定购买的设备、器械放在哪里。比如，制作中餐和制作西餐需要完全不同的设备，所以在厨房的布局上会有很大的差异。即便都是中餐，也会因为烹饪手法和使用设备不同，而需要不同风格的厨房布局。

　　许多餐厅经营者觉得应该先做好厨房布局工作，然后再设计菜单。其实，这是错误的想法，因为厨房布局工作完成之后，设计菜单就会被限制住，不可能为了做出某道菜而重新做厨房的布局工作。

　　3. 招聘厨师

　　餐饮服务的水平和餐厅的特色都体现在菜单上。烹饪是一种能力，更是一种艺术，体现出餐厅水平的高低。所以，餐厅要依据各种菜式的不同要求，招聘具有相应技术的厨师，以满足制作各种菜式的需要。也就是说，厨师的招聘工作直接受菜单的影响，有什么样的菜单，就要招聘什么样的厨师。

　　4. 餐饮成本

　　在餐饮行业，成本的高低很大程度上是由菜单决定的。如果菜单中选用的是那些珍贵的原料，必然要付出高昂的代价，导致原料成本过高。如果某道菜需要投入大量精力，要求厨师精雕细琢，经过多道工艺才能制作完成，又会增加劳动力成本。因此，菜单设计是否合理，直接影响原料成本和劳动力成本，进而影响餐厅的盈利。

设计菜单的几点注意事项

许多经营者都特别重视餐厅的整体装修，在装修上投入大量的时间和精力，却忽略了菜单的设计。其实，菜单是一家餐厅的"名片"，其设计直接展现出餐厅的实力，是顾客前来就餐的消费指南。顾客到餐厅就餐，正是通过菜单判断餐厅提供的菜是否满足自己的需要。因此，经营者在设计菜单时应注意以下事项。

1. 菜单的形式

设计菜单时，首先要弄清楚设计哪种形式的菜单，因为菜单的形式不同，设计需要的素材也不相同。菜单可以分为悬挂式菜单和桌式菜单，其中的悬挂式菜单是一种非常好的菜单制作形式。可以选用适当的材料，在餐厅内的明显位置悬挂或粘贴这种菜单。一般的餐厅都在墙上张贴一张大菜单，比较有创意的餐厅则选择使用灯箱或电子显示屏的形式。为了突出美感，让菜单看上去更有艺术感，可以搭配一些色彩、花纹或线条，给单调的菜单一些点缀。不过，现在的许多餐厅使用的都是桌式菜单。因为桌式菜单可以直接放在桌子上，方便顾客点餐。

2. 制作菜单的材料

餐厅菜单的使用周期不同，菜单的制作材料也不同。一般情况下，餐厅制作的菜单有两种使用周期，其中一种是使用周期特别短，一周甚至一天之内就要更换；另外一种使用周期则比较长，能连续使用几个月甚至几年。在制作使用周期比较短的菜单时，可以选用价格比较低廉的纸张，不过，这并不意味着可以凑合，一样要精益求精。在制作使用周期比较长的菜单时，可以选用价格相对较高、质地比较好的纸张，例如质量比较好的封面纸和绘画纸。

选择制作菜单的材料时，应该刻意避免使用塑料，因为塑料会给顾客一种造价低廉的印象。除了不能用塑料外，还不能用丝绸，因为这类材料很容易沾上污渍。选择制作菜单的材料应该考虑全面，既要节约成本，又要防污、耐磨、不易折断，同时还要有一定的观赏性。

3. 菜单的字体

通常情况下，设计菜单时，菜单的文字不能将整个菜单占满，因为文字占的面积太大会让人有一种太过紧凑的感觉，占的面积太小又给人餐厅里的菜品种类不够齐全，可选择的余地太少的感觉。

有些高档餐厅经常会出现一些外国人，所以制作菜单时不能只使用中文，最好使用中英文相结合的形式，以照顾那些不懂中文的食客。菜单名一定要工工整整地印在菜单上，不能出现潦潦草草、不容易辨识的现象。菜单字体的型号不可太小，要保证能让顾客看得清清楚楚。切忌菜单中出现错别字和拼写错误的单词，以免给顾客留下不好的印象。

字体的颜色最好是黑色或醒目的红色，因为彩色的字体让人觉得眼花缭乱，不容易辨识。

4. 菜单色彩的选择

令顾客赏心悦目的色彩更能吸引顾客，所以制作菜单时的色彩选择非常重要。不同的色彩效果不同，可以反映出餐厅不同的风格和情调。不同风格的餐厅，制作菜单时选用的色彩也各不相同。如果是要营造一种浪漫、幽静的气氛，制作菜单时可以选择天蓝色、米黄色和浅褐色；如果要用于普通的快餐厅，可以选择色彩比较艳丽的颜色。

色彩的搭配可以在不增加成本的前提下，让菜单看起来更美观。一些餐饮店充分利用这一点，把菜单设计得非常漂亮，提升了顾客消费的欲望。

设计菜单时，餐厅可以把那些招牌菜、特价菜和比较受欢迎的菜设计成其他颜色，和普通的菜区分开。这样既增加了菜单的美观度，又方便客人点餐。

5. 配上图片

许多顾客抱怨说："看菜单上的菜名根本看不出那是什么菜，怕点了不对口味，那就太浪费了。"相比文字说明，图片更直观一些，传达的信息更丰富。顾客看菜品通常无法做出决断，看图片却可以判断菜品是否满足自己的喜好。虽然为菜单配图片增加了菜单的制作成本，但是它能为餐厅带来更多效益。所以，制作菜单时，应尽量在菜名附近配上图片。

设计菜单的细节问题

在菜单的设计上，许多经营者耗费大量精力，希望设计出的菜单能突出餐厅的特色，起到招揽顾客的作用。然而实际上，菜单在制作完成后，总能在细节上找到某些不足之处，发现设计出的菜单无法让人满意。因此，设计菜单时，经营者应该注意以下细节问题。

1. 菜单要能让人看懂

菜单的主要作用是展现餐厅提供的饮食，为顾客提供消费指南，促进顾客消费。所以，菜单上的信息要简单一些，容易让人看懂，千万不能把菜单当成一张清单。

想要制作一份容易让人看懂的菜单，就要把餐厅的主要菜品的种类、价格等信息印刷在菜单上，并且保证使用最容易被人理解的语言。如果菜单中有不容易被人理解的专业术语，可以更改一下，或做一个简明的注释。

一些餐厅为了推出特色菜，故意为特色菜取一些稀奇古怪的名字，例如"全席宴""百味餐"等。这些名字写在菜单上固然能引起顾客的好奇心，但是也会让顾客一头雾水，不知道这些菜是由什么材料做的，是怎么做出来的。顾客看不懂菜单，不知道这些菜是什么风味，点菜时自然会有许多困惑。在这种情况下，应该增加一小段注释性文字，重点阐述这些菜的组成材料、风味等，让顾客点餐时做到心知肚明。

2. 价格不可随意涂改

制作菜单后，一些经营者也许会发现一些价格制定得不合理，有的制定得过高，有的制定得过低，所以希望改一下菜单上的价格。为了节约成本，一些餐厅经营者不愿意再重新制作一份菜单，而是拿一支笔直接在菜单上修改，或者拿胶布写上字粘贴在原来的菜价上。这种做法很容易引起顾客的反感，让顾客觉得这家餐厅的价格不稳定，餐厅经营者乱改价格。

随便在菜单上更改价格不仅会降低餐厅的信誉，还影响菜单的美观。为了维护餐厅的信誉，保持菜单的美观，餐厅经营者不要随便更改菜单，如果确实需要，应该彻底更换菜单，而不是随随便便涂改某几个菜的价格，否则会显得不够庄重。经常保持菜单的清洁和完整，可以增强顾客对餐厅的信赖感。

3. 菜品排列不要按价格

一般情况下，菜品排列是按照其种类，把同一个种类的菜排列到一起。比如，可以把凉菜放到一起排列，把热菜里的素菜和荤菜分开排列成两块。或者把餐厅主推的菜品放到菜单开始或末端，原因是大多数客人喜欢在菜单的开始或末端部分点菜。

如果按照价格的高低顺序排列，顾客点餐时就会按照价格，这非常不利于餐厅菜品的推销，严重影响餐厅的业绩。

4. 遗漏现象

为了方便顾客记住餐厅名称，通过电话预订座位，准确把握就餐时间，应该在菜单的明显位置印上餐厅名称、订餐电话、营业时间等信息。这些都是细枝末节，设计菜单时容易被忽略。

一些经营者在菜单上写了某几道菜的名称，但是厨房却做不出来。客人把菜单拿在手中，发现餐厅提供的菜种类齐全，等点餐时才发现，原来餐厅只是把这几道菜写在菜谱上，后厨一直都不提供这些菜。这种情况肯定会激怒顾客，让顾客对餐厅失去信任。还有一些餐厅，后厨可以做出某几道菜，可是制作菜单时却没有把这几道菜写在菜单中，顾客点餐时往往看着菜单点，自然不会点那些菜单上没有显示的菜。因此，餐厅因而导致餐厅失去了一些利润。

在设计菜单的过程中，餐厅经营者最容易忽略细节性内容，对很多细节掉以轻心。所谓"细节决定成败"，影响餐厅成败的往往不是那些多么大的原则性错误，而是那些容易被人忽略的细节性错误。因此，注重细节才会给餐厅带来更大的利润。

宴会菜单依据宴会风格

　　一般情况下，中高档餐厅都会准备多种菜单，尤其是在顾客举办宴会时，餐厅会根据不同风格的宴会，设计出不同的菜单。不过，为宴会设计菜单之前，要先明白一点，即是否了解客人决定着宴会菜单设计的成败。餐厅经营者应该知道客人是怎么想的，然后根据客人的想法制定菜单，而不是凭自己的喜好来设计。

　　一般来说，宴会有婚宴、丧宴、交际宴会、团体宴会和特殊节日宴会之分。不同的宴会，设计的菜单也各有偏重，彼此之间有一定的差异。那么，它们之间各有什么特点呢？

　　1. 婚宴

　　婚宴和婚礼仪式一样，都是婚礼的重中之重。由于大家都非常重视婚宴，把它看得比其他宴请重要得多，所以餐厅经营者设计婚宴菜单时要多注意。一般情况下，设计婚宴菜单时，要保证大家吃好，选择的食材要新鲜，最好是应季食材。选择食材讲究谐音，寓意吉祥如意，可以选择油鸡、红鸭、彩蛋之类的食材，因为这些食材的名字代表着吉祥如意，表达了对新人的美好祝愿。

　　新鲜应季的食材准备好后，烹饪时要追求绿色健康、营养丰富。最好采用多种烹饪手段，保持食材的原味。一般情况下，设计菜单时应该偏重用炖、蒸、煮、扒等烹饪手法做出的菜，因为这样的菜肴比较有利于健康。

菜单中选用的酒水要以温和、健康为主，可以选用饮料、红酒、黄酒之类的酒水，避免选用烈性酒。红酒和黄酒比较温和，对身体的伤害最小，同时也提高了婚宴的档次。而烈性酒既伤身体，又容易让来宾醉酒闹事。

我国礼节众多，婚宴菜单的设计非常讲究，要求菜的数目为双数，寓意好事成双。最好多使用"六""八""十"之类的吉利数字，避免使用"四"之类的数字。

婚宴菜单的名字讲究讨彩头，可以为菜肴取"鸳鸯戏水""珠联璧合""花好月圆""比翼双飞"之类的名字。石榴不能叫石榴，要取名为"多子多福"；桂圆、花生不能叫桂圆、花生，要取名为"早生贵子"。

2. 丧宴

丧宴，俗称"吃斋饭"，一般忌讳汤菜和粉丝。和婚宴不同的是，丧宴菜肴的数目不是双数，而是单数。有些地方甚至把丧宴菜肴的数目严格控制为九个，意思是主人家有一人辞世，这是一种缺憾。一般情况下，丧宴要求必须有一碗羊肉，寓意子孙的孝心。这来源于"羊有跪乳之恩"这个故事。

丧宴的菜单设计切忌红色，可以选用比较暗淡、深沉的颜色。菜肴的名字应该回避那些吉利话，可以突出子孙的孝心，或寄托家人的哀思之意。

总之，设计宴会菜单时，一定要弄明白宴会主人为什么举办宴会，明白主人的喜好。尤其是要考虑民族习俗和地域差异，并注重菜肴口味的协调，设计菜单时避免在同一宴会多次出现相同的菜肴，要做到酸、甜、苦、辣、咸、软、硬度的平衡。

除此之外，设计宴会菜单时，应该注意热菜、凉菜、水果、点心的合理搭配。凉菜应该注重刀工，最好雕刻精细，创造出别致的造型，那样就可以先声夺人，吸引来宾的目光。要合理搭配原料、调味、质感、形态和烹调方法。营养成分要合理搭配，使膳食平衡。

设计菜单要不断创新

　　开餐厅时，要想更吸引顾客，在菜单上下功夫是一个不错的选择。经营者在设计菜单时应不断创新，根据餐厅的风格不断变化菜单的设计，与此同时，还要根据菜品的口味和类型改变菜单的设计风格。

　　诚然，对于一个餐厅来说，保持自己的风味、传统特色十分重要。除此之外，还有一点也非常重要，那就是不断地开发新菜品。餐厅在菜品上的创新能力代表了餐厅的形象，也决定着餐厅的生命力。

　　许多餐厅经常挂出"本店推出最新菜品"的招牌，这是一种不错的招揽顾客的方法，值得借鉴和推广。设计菜单时，要不断推出一些新菜品，这样才能让顾客保持新鲜感，抓住回头客，并招揽更多顾客，提升餐厅的影响力。

　　不过赢利是餐厅的最终目的，在任何情况下都不能以牺牲餐厅的利益为代价进行菜单创新。所以，创新时应该尽可能地把浪费现象降到最低，更换菜品时首先要检查库房还贮存着哪些原料，尽量把这些原料用在新开发的菜品中。增添新菜、淘汰旧菜时，注意不要淘汰利润大、较受欢迎的菜，因为这些菜不仅是餐厅的特色，也是餐厅创造利益的关键菜。淘汰菜品时，可以淘汰那些利润空间很小、不受顾客欢迎的菜品。为了扩大顾客的选择范围，可以及时补充刚创造出的新菜，淘汰几乎无人问津的旧菜。

当然，菜品的创新要建立在一定的基础之上，既要有充足的原料供应、过硬的厨艺，还要结合市场的需求。虽然现在的保鲜技术已经能保证在任何季节都可以买到种类繁多的水果和蔬菜，但是人们依然热衷于时令水果和蔬菜。

所以，菜品的创新要考虑是否有足够的原料来支持，还要考虑原料的价格是否可以保证餐厅的利润。有了充足的原料还不够，还要考虑厨师的厨艺是否过硬。如果厨师的厨艺不过关，就算提供再多的时令水果和蔬菜也无济于事。

除了充足的原料和精湛的厨艺之外，市场需求也是一个不可或缺的因素。餐厅面对的目标客户在变化，所以餐厅经营者要根据目标客户的变化制作出不同的菜单，用及时调整菜单的方法满足目标顾客的需求。

顾客的口味在不断地变化之中，餐饮业的形势也日新月异，因此，菜单要不断创新。一般情况下，餐厅每一个季度就要更换一次菜单，甚至每半个季度就要更换一次菜单，如此才能让餐厅持续保持活力。

第十一章
控制成本要开源节流

赚取利润是经营餐厅的主要目的，开源节流是提高餐厅利润的最有效方法。创造营业收入对餐厅来说非常重要，而控制成本的重要性丝毫不亚于创造营业收入。因此，餐厅经营者应该节约采购资金，控制用人成本，精简日常开销，把那些不必要的损失降到最低，如此才能实现餐厅的利润最大化。

节约采购资金

想要经营好一家餐厅，必须做好采购工作。因为采购工作是控制餐厅成本至关重要的一环，决定着餐厅的经济效益。对于一家餐厅来说，主要可以通过两种途径节约成本：一个是节约前期的成本投入，另一个就是节约采购资金。

所谓的采购，说得通俗一点，其实就是用最低廉的价格买质量最好的原料。"好的开始是成功的一半"，毫无疑问，假如采购工作完成得非常好，就会让餐厅有一个成功的开始，为后期的经营打下坚实的基础。

那么，想要做好采购工作，需要注意哪些事项呢？

1. 采购人员的选择

一般规模小的餐厅人员比较少，老板经常把采购大权掌握在自己手中，兼任采购员和收银员，就可以牢牢掌控经济大权，有效避免采购人员在采购过程中吃回扣的现象。当然，也有的餐厅经营者选择自己信得过的人，把采购工作交给道德品行比较高的人或亲朋好友，餐厅经营者就可以高枕无忧，不用担心采购人员在采购的过程中弄虚作假。

因此，采购工作最好由自己担任，其次由亲朋好友担任。如果是规模比较大的餐厅，餐厅经营者不可能独自担任采购工作，也很难找到担任采购工作的亲朋好友，则可以招聘一些信得过的员工担任，并且设置一个验收部门，对采购人员进行监督。

采购人员应具备的职业道德如下图所示：

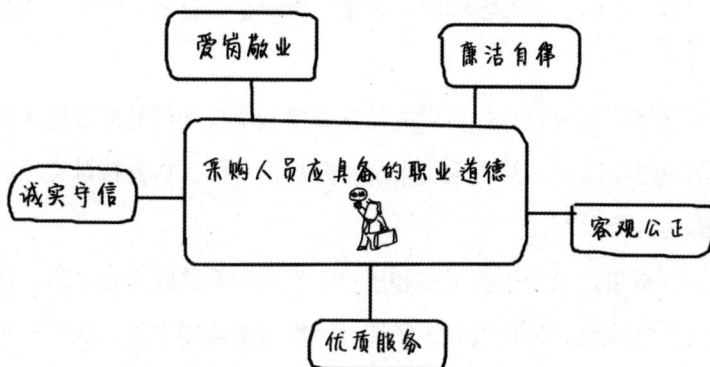

2．采购的地点

可供采购的地点非常多，可以是商场超市，可以是农副产品市场、水产品市场、水果市场，也可以是养殖场和种植蔬菜的农家。

（1）超市的人流量大，蔬菜、水果、肉类的更新速度快，质量比较高，所以是高档餐厅的最佳选择。对质量要求比较严格的高档餐厅可以选择在超市采购，虽然花费的价格略高一些，但是购置货物的质量比较高，信誉度比较好。

（2）农副产品市场、水产品市场和水果市场的价格比较便宜，适合大量批发，很适合那些中、低档餐厅。前期采购时，餐厅经营者可以多跑几趟，了解各个市场的价格，后期可以固定在同一家或几家摊位采购，因为这样既可以压低价格，又可以要求摊主送货上门，甚至可以和摊主约定先赊欠货款。

（3）从农家菜地里采购是最便宜的。相比从农贸市场和超市里采购，从农家菜地里采购能节约三分之一左右的资金。而且农家菜地里的蔬菜都是新摘下来的，比较新鲜，餐厅后期宣传时可以拿这一点作为一大特色。

3. 验收工作

采购工作完成后，接下来就是验收工作。在大型餐馆中，验收工作由专门的验收员来做；在中、小型餐馆中，验收工作则是由仓管、厨师长或餐厅经营者本人来做。

在验收环节，验收员首先要做的是仔细检查所采购产品的数量或重量，然后和采购清单进行比对，并向采购人员索要购物发票，认真核对实际数额和发票显示数额是否有出入。

做好产品数量、重量验收工作和清单、发票数额验收工作之后，还要对所采购产品做质量验收。验收员应该仔细对照物料采购要求表，认真检查采购员采购的食材和物料的质量。如果出现没有产品合格证、等级不符合要求、产地和指定产地不符、已经超过有效日期等现象，验收员可以拒绝收入仓库。

除了验收质量和数量，验收员还要验收采购产品的价格。由于产品的价格总是处于浮动之中，所以验收人员没有一个固定的价格标准作为参考，需要经常到市场上了解行情，调查清楚相关产品的价格。

控制用人成本

经营者在经营餐厅的过程中，要面对各个方面的压力，其中有同行业的竞争压力，有经营不力的压力，还有用人成本增加的压力。想要在众多压力下寻找发展机会，餐厅就必须降低运营成本而控制用人成本就是其中的一部分。

说到控制用人成本，不少餐厅经营者肯定觉得是要降低工作人员的工资或者裁员。实际上，控制用人成本不能等同于降低员工工资，这完全是两个不同的概念。这里所说的控制用人成本，是指在保证员工工资和员工数量不变的前提下，餐厅依然可以通过降低人工成本的方式控制用人成本。

餐厅的用人成本主要有两部分：一部分是直接的用人成本，也就是员工工资总量，包括投资在员工身上的福利和工资；另一部分是间接的用人成本，指的是为了得到人才而必须投入的招聘和培训成本。

为了提高员工的技能，让员工顺利完成餐厅分配的任务，餐厅需要投入岗前培训成本、岗位培训成本。员工工作的过程中，经营者还需要投入用人成本，包括员工的工资福利、奖金等。除了这些用人成本外，经营者还需要承担一项用人成本，那就是保障成本，其中包括员工的医疗保障、安全生育保障、失业保障、养老保障等。员工从餐厅离职，也需要餐厅付出一定的成本，其中包括离职补偿成本、新员工低效成本、离职后的岗位空缺成本等。

招聘成本、培训成本和奖励成本都属于显性成本，可以直接通过财务支出体现出来。招聘的人员不符合试用标准，导致效率低下，或被辞退后导致岗位空缺，这些都是隐形成本，并没有通过财务支出体现出来。但是，这些隐性成本会影响到其他成本，使组织运营的总体成本增加。

在餐厅的经营成本中，用人成本是比重比较大的部分，所以控制用人成本可以有效减少经营成本。因此，餐厅经营者要做好以下几个方面的工作。

1. 员工人数要合理

经营者决策员工人数要合理，可以参考餐厅自身的经营规模，也可以考虑餐厅的营业时间，还可以依据不同季节的不同需要。决策员工人数时，可以综合每天、每周或每月的工作量，计算需要多少员工来完成。招聘员工时，要规定几个月的试用期，不要让餐厅承担太大风险，付出太多辞退员工的代价。员工还没过试用期时，餐厅经营者可以把每天的营业量记录下来，判断每个岗位的员工实际生产效率是多少，有没有达到计划中的劳动强度，然后再根据这一点增加或裁减员工。

2. 工作排班要合理

餐厅中有许多工作岗位，每一个工作岗位的工作性质都不一样，经营者因餐厅工作需要安排工作排班时，既要考虑餐厅的经营需要，又要考虑员工的业余生活需要。餐厅经营者可以按照营业量合理安排相关岗位员工的工作时间。一般情况下，餐厅常见的排班制度有一班制和两班制，三班制比较少见。经营者排班时，既要考虑员工的实际困难，根据员工的承受能力和喜好合理制定排班制度，又要尽可能提升工作人员的工作效率，进而提升整个餐厅的工作效率。总而言之，工作排班要合理，这样才能赢得人心，提高餐厅员工的工作效率。

3. 劳动强度要合理

一定的工作时间内，给员工分配的劳动量，就是劳动强度。劳动强度太小，会造成资源的浪费，增加餐厅的用人成本；劳动强度太大，员工将不堪重负，造成工作人员流失。所以，制定合理的劳动强度，既可以避免增加餐厅的用人成本，又可以避免工作人员流失。

制定劳动强度时，可以参考其他餐厅，看其他餐厅是如何制定的。新开业餐厅制定劳动强度时，可能存在许多不合理的地方，随着餐厅经营者在经营管理上的日趋完善，经营者应该根据餐厅的实际情况合理安排工作人员的数量。比如，刚开业时就餐的客人比较少，可能两个服务员就够了，可是随着客人的增多，就要合理增加服务员的数量。同样道理，客人增多，厨师的数量、传菜员的数量、采购的数量都要相应增多。因此，经营者要合理制定劳动强度，要根据顾客量不断调整服务人员的数量。

精简日常开销

日常开销是餐厅成本中的一部分，其中水电费用和燃气费用是比较大的开销，所以要减少餐厅的开支，也可以从这两个方面入手。经营者可以把水表和电表安装到饭店各个部门、各个房间、各个工作场所，严格规定水电的使用量。假如哪个部门或哪个房间使用的水电量超出规定，就要支付一定的费用作为罚款。尤其是餐厅的员工宿舍，如果不限制水电用量，就很难控制员工的用水、用电问题，导致水电量居高不下，造成巨大的浪费。

有的餐厅为了节约日常开销，想出各种奇招，并收到了不错的效果，比如下面这家餐厅。

李先生开了一家独特的餐厅，因为餐厅内竟然找不到一个服务员，真是一件稀奇事。

凡是来餐厅就餐的顾客，点餐时都要自己动手，把想吃的菜写到一张便笺上，等做好后再亲自取餐。这还不算什么，最有意思的是，在这家餐厅吃过饭后，碗、筷、碟子都要自己送到餐厅指定的地方，甚至要把刚才用过的桌子擦干净，方便下一波客人就餐。

也许很多人觉得这样做会导致前来就餐的顾客非常少，因为不可能有顾客愿意自己收盘子收碗，更不可能有顾客愿意自己擦桌子，这样的要求太过分了。其实并非如此，这家餐厅的顾客不但没有减少，反而增加了不少。原因是这家餐厅的价格比其他餐厅便宜很多，平时来这里就餐的顾客正是看中了这家餐厅的经济实惠，才愿意到这里来就餐。

刚开始时，一些新来的顾客不知道这家餐厅有这样的规矩，在就餐的过程中出现了许多摩擦，有的一直等不到服务员来端茶倒水，有的点餐后不知道还要自己去取餐，有的用过餐后丢下餐具就离开餐厅了，有的虽然把餐具送到了指定位置，但是没有擦净桌面。随着这家餐厅的知名度越来越高，前来就餐的顾客都知道了这个规矩，慢慢都默认了这个规矩。

点餐、取餐、送盘子、送碗、擦桌子，这些都是顺手就做的小事情，并不费多大事。这种餐厅的竞争力有两点，最强的竞争力是价格低廉，另外一个竞争力是新奇。餐厅不需要服务员，就可以节省一部分费用，把这笔费用用在回报顾客上，降低菜品的价格。由于这家餐厅的各个程序大多需要顾客自己来完成，所以让顾客觉得特别新奇，这一点无疑扩大了这家餐厅的影响力。

精简日常开销的方式有很多，除了以上这些，还可以在烹饪的过程中精简开销。比如，餐厅做菜的时候，往往会批量烹饪一些菜，预备好后，等顾客点餐时就可以迅速做出来。不过，这样做有一个缺点，如果点这道菜的人少，烹饪时做得又特别多，最后也许会大量浪费。为了杜绝出现这种现象，餐厅经营者应该要求厨师掌握一定的量，不要相差太多，争取不出现浪费原料的现象。

除了保证原料不浪费外，还要保证调味品不能浪费太多。烹调的过程中，应该严格控制调味品的使用量，不可浪费太多。因为如果调味品浪费太多，其代价不只是调味品的浪费，还会浪费原料。因为调味品太多，说明菜放的佐料太多，味道也就无法保证。

预防贮藏时的损失

经营餐厅时，原料贮藏是一项非常棘手同时又很重要的工作。一方面，餐厅无法保证每天都把采购的原料用完，所以需要进行贮藏管理，预防原料腐败给餐厅带来损失。另一方面为了保证原料不断档，防止顾客点餐时出现无法供应的现象，又要准备充足的原料。因此，经营者不得不面对贮藏原料这一难题。

一般来说，因为餐饮原料质地不同，所以需要不同的贮藏条件。又因为不同原料的使用频率和数量千差万别，所以要求它们有不同的贮藏地点，同时它们贮藏的时间也要各不相同。所以，贮藏原料时，要将它们分门别类，通常可以将原料划分为肉类、蔬菜类、水果类、酒类、非食用物资类等，每一类的贮藏方法都不同。

1. 肉类贮藏

肉类有多种贮藏方法，比较常用的方法有干燥法、腌制法、冷藏法等。

干燥法，也叫脱水法，主要指把肉清洗干净，把里面的水分沥干，预防微生物在上面生长繁殖，进而达到贮藏的目的。因为许多微生物的生长繁殖都离不开一定量的水，假如肉类完成脱水工序，那么微生物便不能在上面生长繁殖。比较常用的干燥法是自然风干，也就是把肉切成块，在干燥通风的地方悬挂一段时间，减少肉的含水量。比如腊肠之类的食物，都要经过一段时期的晾晒风干过程。还有一种比较常用的干燥法，就是我们非常熟悉的烘烤法。这种方法也可以有效去除肉中的水分，使肉类的含水量降低，达到长时间贮存的目的。比如在加工肉松和肉干时，经常会用到这种方法。

除了干燥法外，比较常用的还有腌制法和冷藏法。腌制法指的是通过食盐提高肉的渗透压，把其中的水分脱去，创造一个抑制细菌生长繁殖的环境。冷藏法指的是在冷库或冰箱中低温贮藏，是一种最实用、最广泛的方法。在低温环境下，肉内的水分便凝结成冰，细菌会因此失去生长繁殖的环境。

2. 水果和蔬菜贮藏

传统的蔬菜贮藏方式是自然降温贮藏，比较常用的有垛藏、埋藏、窖藏、假植贮藏等。这些贮藏方式都有一个共同点，那就是制造低温环境，让蔬菜保持在适宜贮藏的温度和湿度环境中。不过，这种方式一般受地区和季节的限制，很难达到理想中的条件。

为了不受地区和季节的限制，还可以使用人工降温的贮藏方式。比如，可以使用机械制冷的方式，也可以使用调节贮藏环境温度和湿度的方式。此类方式可以精确控制贮藏温度，最适宜用于蔬菜和水果的贮藏。

3. 酒类贮藏

存放白酒要选择封闭的容器，可以选用陶瓷或玻璃材质的瓶子。存放白酒的地点可以选择温度变化不大的环境，最好选择通风良好、干燥的地方。盛放白酒的容器一定要严密封口，预防白酒漏出或挥发。存放白酒时，应该避免阳光或其他强烈光线直接照射。还要和其他带有特殊气味的物品分开存放，避免出现串味现象。

葡萄酒的口感和价值都由储藏方法是否得当决定，这也是葡萄酒和白酒保存不同的地方。储藏葡萄酒的温度要保持恒定，最好保持在12～18℃。从某种程度上来说，恒温可以让酒成熟的速度保持恒定，使酒质更细腻。反之，假如温度变化剧烈，就会破坏酒质，使其变得粗糙。葡萄酒十分敏感，不能受到强光直射，也不能储存在有震动和噪音的环境里，否则就会破坏葡萄酒的酒质。

相比其他酒类，啤酒的酒精含量比较低，所以越新鲜越好喝。这也注定了啤酒的储存需要更严格的条件，否则很容易变质。啤酒有生啤和熟啤之分，生啤只能储存短短的十天，而熟啤由于没有杂菌，所以只需要盖好瓶盖储存在阴凉干燥处，就可以保存三个月。储存啤酒应该保持一个比较低的温度，最好不要使温度超过16℃，否则容易变质，也不要使温度过低，否则会使啤酒变得浑浊不清。储存啤酒时，最好保持在4℃上下。并要注意不可放在阳光直射的地方，更不可以剧烈震动。

第十二章
安全卫生顾客才放心

　　安全问题事关重大，是餐厅日常工作的重中之重。餐厅经营者应该注意预防火灾、煤气泄漏、高空坠落、夹伤、烫伤等现象发生，为顾客提供一个安全的就餐环境。平时餐厅要做好应急准备，以便遇到危险状况时把损失降到最低。另外，也要注重饮食安全，严防出现饮食上的问题。

保障安全就餐环境

安全问题事关重大，是餐厅日常工作的重中之重，为顾客提供一个安全的就餐环境是餐厅经营者的职责所在。餐厅经营者应该注重餐厅的安全，预防火灾、煤气泄漏、高空坠落、夹伤、烫伤等现象发生，确实保障顾客的生命和财产安全。

1. 预防火灾

餐厅突发火灾，既会给餐厅造成重大财产损失，也会威胁工作人员和顾客的生命安全。尤其是厨房用火频繁，电线老化、烟蒂没熄灭、煤气漏气、油锅燃烧都有可能引发火灾。

因此，为了预防火灾，厨房内绝对不允许抽烟，也不能把汽油、煤气罐、酒精等易燃、易爆的危险品放在火源附近。用电时，不可超负荷使用电器，用电饭煲烹饪食物时，注意不要把水烧干，否则容易引发火灾。

此外，厨房里的易燃物品要及时清理，把安全隐患扼杀在萌芽之中。不可在烤箱上烘烤抹布和其他易燃物品，假如在厨房里突然闻到塑胶味、焦味等，要立即放下手头的工作，检查异味来源。每天结束工作后，要注意察看是否关闭电源、燃气。

总之，餐厅经营者要经常做员工的安全教育工作，让员工树立牢固的安全意识，组织员工进行消防演习，让所有员工都学习防火和灭火的知识。

2. 预防燃气泄漏

近年来，餐厅因为煤气泄漏而突发大火的现象屡见不鲜，这些事故往往导致餐厅损失严重，致使多名工作人员或顾客受伤甚至死亡。

有一则新闻报道，一家餐厅发生爆炸事故，致使3人死亡，25人受伤。最后调查发现，正是厨房内的煤气泄漏导致爆炸。原来，员工餐厅的厨房后面有一个小储藏间，只有一块很薄的木板将储藏间和厨房隔开。厨房的煤气发生泄漏，随即遇到餐厅的明火，被点燃后发生爆炸。木板立即燃起熊熊大火，火势造成厨房里的工作人员受到重伤，爆炸造成的冲击波导致三名工作人员当场死亡。在餐厅正在用餐的客人也未能幸免，很快就被熊熊大火团团包围，很多人都被烧伤。

由此可见，防范煤气泄漏是一件多么重要的事情，餐厅经营者要多和专业人士交流，学习预防煤气泄漏的知识，还要经常维护、检修煤气泄漏报警装置，并对厨房内的燃气燃油管道、阀门定期检查，防止泄漏。

如发现燃气燃油泄漏，首先应关闭阀门，及时通风，并严禁使用任何明火和启动电源开关。餐厅内不要使用瓶装液化石油气，煤气、天然气管道不可穿过餐厅或其他公共区域，而应该从室外单独接入厨房。把厨房里的气瓶收集在一起管理，并远离高温设备，远离火源，防止高温或火源导致燃气罐爆炸。

3. 防止夹伤客人

顾客的安全永远是第一位的，所以要注意餐厅的门、桌子、椅子等是否存在安全隐患。顾客在餐厅中就餐，如果手被夹伤，脚被挤伤，肯定不会善罢甘休，这对餐厅来说是一个不小的损失。

李女士带着六岁的孩子到一家餐厅就餐，想趁着周末多陪陪孩子。孩子中途去洗手间，刚来到洗手间门口，洗手间里走出来一名同样前来就餐的顾客。由于洗手间的门是向外开的，顾客顺手一推门，孩子躲避不及，被推出的门重重地夹了一下，当场昏迷。还好餐厅工作人员及时发现，把孩子送去医院，才有惊无险，救了孩子一命。

事后，李女士将这家餐厅告上法庭，理由是这家餐厅洗手间的门和墙壁的距离太近，门又是向外开的，很容易夹到外面的人，存在很大的安全隐患。经过调解，餐厅经营者同意赔偿孩子的医疗费，并同意向李女士当众道歉。

这件事情发生之后，餐厅经营者立即拆了洗手间的门，重新布局，防止再次发生类似事故。

由此可见、经营者在装修餐厅时，应该考虑各个方面存在的安全隐患，做到设计合理，以防止夹伤顾客。

除了预防火灾，预防燃气泄漏，预防顾客被夹伤外，餐厅中的安全工作还应包括防止顾客和工作人员触电，防止高空坠落砸伤顾客，防止餐具划伤顾客，防止开水、热汤烫伤顾客等方面。作为餐厅经营者，有责任有义务做好每一个细节中的安全工作，给顾客一个安全的就餐环境。

遇到危险的应急方案

对于任何一个餐厅经营者来说，谁都不希望危险发生，然而风险是不可控制的，除了严加防范之外，还要做好应急方案餐厅经营者认真学习并掌握以下哪些应急措施。

1. 遇到火灾的应急措施

假如餐厅突发大火，餐厅工作人员应该迅速拨打119报警电话，同时把煤气开关和电源开关关闭，组织顾客用湿毛巾遮住口鼻，在确认安全的前提下迅速撤离餐厅。假如烟不太浓，可以俯下身子迅速撤离；假如烟雾浓烈，必须匍匐逃离，因为靠近地面30厘米的空气层烟雾比较稀薄。如果餐厅位于高层，逃避火灾时不能乘坐电梯。疏散顾客时，应按照一定的顺序，让离火势最近、处于最危险境地的顾客优先撤离，然后让老弱妇孺优先撤离，离餐厅门口最近的顾客紧随其后，最后组织其他人员安全撤离，尤其是要防止人员撤离时因为抢道、拥挤而发生踩踏事故。

2. 遭遇劫匪时的应急方案

一般情况下，高档餐厅的营业收入比较多，加上餐厅里来往的客人络绎不绝，不容易防范心有歹意的不法分子，所以很容易成为劫匪的目标。

赵女士在交通便捷的火车站附近经营了一家高档餐厅，平时餐厅的客人非常多，经常出现客满的现象。

劫匪看到赵女士的餐厅生意火爆，又是一家消费偏高的高档餐厅，餐厅工作人员的防范意识比较差，于是就把目光投向这家餐厅，在这家餐厅实施抢劫。

晚上9点，由于地处火车站，这家餐厅依然生意火爆，来往的客人非常多。当大家都在吃饭时，一伙劫匪突然闯进餐厅。他们把餐厅大门紧紧关闭，责令餐厅里的顾客双手抱头待在原地，不得随意走动，更不能打电话报警。随后，一名劫匪冲向收银台，用一把水果刀威胁收银员把钱装进麻袋里。收银员没有反抗，而是默默地记下了劫匪的相貌特征。劫匪抢劫结束后匆匆离开，迅速乘坐火车逃离。

事发不久后，警方根据火车站附近的录像很快锁定犯罪嫌疑人，只用了短短几个小时就把犯罪嫌疑人抓获归案。经餐厅收银员指认，警方抓获的犯罪嫌疑人正是到餐厅抢劫的人。

从案例中可以得知，餐厅遭遇劫匪时，工作人员不可冲动，而是要悄悄记下劫匪的面貌特征，待劫匪被抓获归案时指认。顾客的生命是最重要的，理应放在第一位。

另外，餐厅经营者不要在收银台存放太多现金，一旦现金达到一定额度，就及时存到银行。如果日收益量很大的餐厅，经营者在设立收银台时可以把收银台设置成封闭式，只开一个窗口供顾客交费。还要在餐厅内装配监控设备，方便录下劫匪的大致信息，以帮助警方用最短的时间抓住劫匪。

总之，火灾、劫匪等都是餐厅有可能遇到的危险，而且是破坏性极大的危险。作为餐厅经营者，应该提高防范意识，避免让这些危险发生。如果不幸遇到这些危险，一定要沉着冷静，用最有效的应急措施及时补救，把损失降到最低。

饮食安全重中之重

　　规模大的餐厅由于客流量大，因此存在的安全隐患也大。比如容易成为犯罪分子的首选作案场所。近年来，餐厅投毒的刑事犯罪案件不断增多，给社会稳定和人民生命财产安全造成严重的威胁。所以餐厅经营者要提高警惕，严防投毒事件发生。

　　想要保障饮食安全，建立健全的防护措施是一种最有效的途径。餐厅应该建立严格的安全保卫措施，禁止非工作人员随意进入餐厅厨房，防止犯罪分子到厨房重地投毒，确保就餐人员的饮食安全。经营者尤其要注意以下两个方面的投毒。

　　1. 恶意竞争者的投毒

　　有些恶意竞争者，为了搞垮竞争对手，不惜走上犯罪的道路，偷偷摸摸地跑进竞争对手的餐厅中，佯装吃饭，却在餐厅内的饮水机里投入毒药。身为餐厅经营者，应该考虑周全，最好不要把饮水机放到餐厅中。以免给犯罪分子可乘之机，给顾客造成重大伤害。

　　2. 餐厅内部人员投毒

　　餐厅竞争激烈，人员流动性非常大，餐厅经营者和普通员工之间很容易产生分歧。一些员工和经营者发生矛盾后，可能会采用不理智的方法报复，例如在食物中下毒，想用这种方式让经营者付出惨痛的代价。

所谓"日防夜防，家贼难防"，内部人员投毒最容易成功，也最不容易引起他人的怀疑。所以，餐厅经营者要处理好和内部工作人员之间的关系，注意疏导工作人员的不满情绪。

总之，身为餐厅经营者，应该及时疏导内部矛盾和外部矛盾，使经营者和服务人员之间，服务人员和顾客之间，经营者和竞争对手之间，都建立起和谐的关系。

除了故意投毒影响餐厅的饮食安全之外，还有一些餐厅，经营者在安全教育工作上做得不到位，经常把杀虫剂、毒鼠强之类的东西放在厨房中。厨房里的其他人员也许会误拿、误放，把毒鼠强当作作料放进炒菜锅里，最后造成顾客中毒身亡。为了防止这种现象发生，餐厅经营者应该注重员工的食品安全教育工作，严禁有人把杀虫剂、毒鼠强之类的东西带进厨房重地。

食物中毒须防范

一些餐厅由于卫生不达标或监管不到位，食物中毒的现象偶有发生。对于餐厅来说，食物中毒是一种非常严重的事故。为了保障顾客的生命安全，维护餐厅的声誉，餐厅管理者应该积极防范食物中毒，把食物中毒扼杀在摇篮之中。一般情况下，食物中毒可以分为以下五类：

1. 细菌性食物中毒

所谓细菌性食物中毒，指的是因为摄入的食品中含有细菌或细菌毒素而导致的食物中毒。导致这种现象出现的原因有：宰杀禽类、畜类前，它们已经感染细菌；餐厅内卫生太差，食物中滋生蚊虫；刀具和砧板清洁不到位，导致生熟交叉感染；接触食品的工作人员身带细菌，接触过程中致使食物被感染；洗涤不干净，蔬菜、水果上有残存的虫卵。

2. 动物性食物中毒

所谓动物性食物中毒，指的是食用了动物性食品而导致的中毒现象。一般情况下，导致这种现象出现的原因有：一些动物天然含有毒素，食用后可引起中毒反应；一些可食用的动物性食品，在一定条件下将产生毒素，比如，河豚、鱼胆等。

3. 植物性食物中毒

一些植物天然含有毒素，或在一定条件下可以产生毒素，一旦不慎食用，就会引起食物中毒反应。比如发芽的马铃薯，腌制方法不当的咸菜，含有毒素的野菜等。有些可食性植物，如果加工方法不正确，也有可能引起食物中毒。

4. 真菌毒素中毒

家畜摄入被真菌污染的饲料后，如果人食用家畜，就可能导致真菌毒素中毒。我们又把真菌毒素中毒称为霉菌毒素中毒。曲霉属菌、孢霉属菌和青霉属菌等都是常见的霉菌。其中的黄曲霉是曲霉属中最重要的，可以产生黄曲霉毒素。比如，玉米、黄豆和花生等都容易受黄曲霉侵害。

5. 化学性食物中毒

有些食品可能被有毒的化学物品污染，或添加了一些禁止使用的食品添加剂，或使用的食品添加剂剂量太大，都有可能导致化学性食物中毒。

餐厅管理者平时要做好防范工作，从以上五个方面入手，严防食物中毒现象。另外，还要从以下几个方面防范食物中毒。

（1）选择信誉比较好的供货商，保证买到的食材都是安全的。在验收过程中，要保证食材没有腐败变质或其他异常现象。假如禽类和畜类的死因不明，或者肉类食品没有检验合格证，千万不要采购。另外，来历不明的蘑菇也不能选用。

（2）食品、调料变质后不得使用，千万不要抱着煮一煮、晒一晒、煎一煎还能继续使用的想法。不要用旧报纸之类的东西包裹熟食，也不可使用聚氯乙烯塑料袋盛放食物。不要把生食和熟食放在一起，要把蔬菜和水果上残留的农药和化肥清洗干净。

（3）选择饮用水时，一定要注意防范，不能使用已经被污染的水。选择盛装食物的容器时，不得使用带有毒素的容器。经常保持厨房卫生，经常清洗刀具、厨具、容器等物品。责令工作人员注意日常卫生，以防在接触食物的过程中使食物沾染病菌。

餐厅卫生不可小觑

消费者到餐厅就餐，最关心的问题就是菜品的卫生。

试想，假如顾客走进一家餐厅，发现地面上扔得到处都是餐巾纸，餐桌上到处都是汤汁、垃圾，还愿意继续在这家餐厅吃饭吗？更重要的是，如果因为餐厅不卫生而让顾客食物中毒，轻则餐饮经营者要向受害者提供经济上的补偿，重则受到法律的严惩。因此，餐厅经营者应该注意以下几个方面的卫生。

1. 餐厅的店面卫生

对于餐厅来说，店面的重要性不言而喻，它就像餐厅的脸面，是顾客进入餐厅前首先看到的地方。顾客是否去餐厅用餐，很大程度上是由店面卫生决定的，因此，餐厅门前的卫生一定要保持干净，同时要注意餐厅大门的清洁、美观，每天都要用湿毛巾擦拭干净，以免灰尘积蓄过多影响餐厅大门的美观。餐厅的招牌也要经常清洗，给路人一种干净、整洁的印象。

2. 餐厅大厅的卫生

餐厅大厅是顾客进入餐厅之后最先看到的地方，直接影响顾客就餐的心情，所以这里的卫生一定要搞好。餐厅清洁工要做好大厅地面的清洁工作，每天都要用拖把拖干净，并擦去地板上的水渍，使地板保持干燥状态。假如餐厅大厅铺设的是地板，最好在早上营业前和晚上关门后各做两次吸尘处理，并进行消毒。

此外，还要保持餐桌、椅子的干净卫生，待顾客就餐完毕后，立即收拾菜碟、碗筷，把桌面擦拭干净。如果想节约时间，可以使用一次性台布。值得注意的是，清洁工在大厅清扫卫生时，尽量趁餐厅内没有顾客的时候进行，如果一直都有顾客，就尽量选择顾客比较少的时间段。因为顾客吃饭时清洁工却在打扫卫生，灰尘有可能落到食物内，会引起顾客的反感。

3. 消灭害虫污染

餐厅经营者稍有疏忽，就会招致害虫污染餐厅，例如蟑螂、苍蝇、老鼠的出现。一些食客在菜品里发现蟑螂或苍蝇，因此投诉餐厅，给餐厅的名誉造成影响。所以餐厅要做好灭虫害工作。灭除蟑螂，可以选择安全性比较高的杀虫剂。选用杀虫剂时，应该选用没有气味，对皮肤无害的杀虫剂，同时选用的杀虫剂也不能有腐蚀性。为了治理苍蝇，可以使用自动开启的大门，最好在大门口和窗户上装上纱窗，防止苍蝇飞进餐厅。捕杀老鼠时，可以采用老鼠夹，也可以使用老鼠药。不过，这两种方法都有弊端，而且无法从根本上解决问题。想要彻底灭除老鼠，就要保持餐厅的整洁、卫生，不给老鼠提供适合生存的环境。

4. 垃圾的处理

餐厅经常会产生大量垃圾，例如抽油烟机排出的油烟，腐败的菜叶，顾客扔在餐厅里的餐巾纸，各种剩菜、剩汤，厨房里的污水等。为了餐厅的卫生，并保护社会环境，应该将每天的剩菜剩饭分类处理，可以带去喂养一些小动物，或者分门别类后再扔掉。假如是一些木箱、废纸、油管之类的易燃垃圾，应该堆放到远离火源的地方，然后找废品收购站的人集中处理。处理厨房污水时，应该过滤后再排放，否则很容易导致水管堵塞。

总而言之，餐厅卫生不可小觑，餐厅经营者一定要给予足够的重视。处理餐厅内的垃圾时，清洁工要尽职尽责，给顾客创造一个干净、卫生的就餐环境，为餐厅赢得良好的声誉。

餐具卫生

随着生活节奏的加快，商务谈判和应酬活动的增多，在餐厅就餐的人越来越多。到餐厅就餐，菜品的味道是重要的一方面，餐具的干净、卫生也是不可忽视的。一个干净卫生的就餐环境，才能够吸引顾客入店消费。

我们经常能看见不少顾客就餐时会先把包装餐具的塑料膜拆封，然后用热水烫洗一下。为什么大家都有这个习惯呢？就是因为对餐厅提供的餐具卫生不放心。餐厅经营者可以利用顾客的这一心理，配备消毒柜让顾客内心踏实，自然也就成了饭店的回头客。

清洗餐具并不复杂，但有一定的程序。按照一定的程序清洗，才能保持餐具的清洁。清洗餐具时，首先要把餐具上的剩菜、剩饭倒掉，然后把餐具里的菜渣和酱汁洗掉，最后用抹布清洗干净那些不易洗掉的残渣。

如今的餐厅已经告别纯手工洗碗，可以借助工具清洗餐具，例如高压喷淋器。洗碗工只需要把餐具摆放好，用高压喷淋器对着餐具喷洗一遍，再把餐具放进洗碗机里清洗，就已经清洗得差不多了。洗碗工最后再检查一遍没洗净的餐具，把那些沾有污渍的餐具重新清洗一遍即可。需要注意的是，清洗餐具时，对水温的要求相当严格，一般情况下，要求清洗时的水温在60℃以上，要求消毒时的水温在82℃以上。

　　清洗餐具需要用到洗涤用品，而市场上的洗涤用品琳琅满目，方便餐厅选择的同时，也增加了挑选合适洗涤用品的难度。不同的洗涤用品，具有的功能不同，所以，选择洗涤用品时，一定要认清所挑选的洗涤用品属于哪个类别，适用于去除哪种污渍。

　　一般情况下，选择的洗涤剂有酸性、中性、弱碱性、碱性和强碱性之分。其中的酸性洗涤剂经常被用于清洗各种设备的表面污渍，也被用于清洗矿物的沉积，这种洗涤剂可以氧化分解有机物。由于酸性洗涤剂的腐蚀性比较强，所以对皮肤的伤害比较大，必须在保证安全的情况下才能选用。中性洗涤剂经常被用于清洗盛放食物的器皿，或者被用于清洗食物。这种洗涤剂比较常用，因为它对皮肤的伤害非常小。碱性洗涤剂分弱碱性、碱性和强碱性三种，常被用于清洗中性洗涤剂无法清洗的物质，比如被烧焦的东西、蛋白质和油垢等。

　　通过洗涤剂，餐具上的大部分污渍都能被清洗干净，不过，这并不代表餐具已经清洗干净。洗涤剂清洗过的餐具上还残留着大量的细菌，所以还需要对餐具进行消毒，把细菌量降到最低程度。大量调查表明，没有经过消毒的餐具上可以检测出各种致病微生物，可以传播痢疾、结核病、伤寒病和甲型肝炎，或者导致食物中毒。

　　另外，餐厅的餐具经常被许多人使用，如果之前已经被患有这些疾病的人使用过，共用没有消毒的餐具很可能会把这种疾病传染给顾客，不利于顾客的身体健康。所以，消毒是餐厅必须要做的工作。

　　消毒一般可以选用药物消毒和蒸汽消毒这两种最常用的消毒法。药物消毒主要应用于不耐高温的餐具，尤其是盛装啤酒的杯子，清洗时可以加入高锰酸钾、漂白粉等消毒液浸泡，一段时间后再用清水冲洗干净。选用化学消毒剂时，一定要使用经过卫生行政部门批准的餐具消毒剂，卫生行政部门严禁使用的餐具消毒剂千万不可使用。而且不可长时间重复使用。蒸汽消毒指的是把清洗干净的餐具放到蒸汽箱里，把温度调到100℃以上，至少消毒五分钟。

第十三章
服务顾客处理好意外

  餐厅开门营业，每天都面临着突发事件，不是服务员疏忽上错菜，就是顾客在餐厅里打架，或是顾客喝醉了酒闹事等。遇到这些意外事件，处理不好既影响餐厅的声誉，又让餐厅遭受经济损失。因此，服务顾客处理好意外是经营者每天的重要任务。

上错菜巧妙应对

在餐厅就餐时，服务员上错菜不足为奇，尤其是在餐厅生意非常好的情况下，忙得晕头转向的服务员经常会把这桌客人点的菜送到那桌客人那里。一旦遇到这种上错菜的情况，服务员应该怎么处理呢？

如果顾客还没动筷子，服务员要赶忙道歉，并解释说："对不起，这是另一桌客人点的菜，由于我的疏忽，竟然端到这里来了。请问诸位介意我端走吗？"遇到这种情况，一般的客人都会理解服务员，同意服务员端走。

如果顾客已经动筷子，服务员就不能再端走了。正确的做法是巧妙地告诉顾客："这是我们餐厅赠送给诸位的菜，感谢诸位对我们餐厅的支持，希望以后多照顾我们的生意。"受赠的顾客肯定会欣然表示感谢。如果餐厅经营者为了惩戒服务员上错菜的现象，不给服务员这项权利，服务员可以开诚布公地对顾客说："对不起，由于我工作上的疏忽，刚才把其他客人点的菜送到这里来了。这道菜是我们餐厅的特色，是客人经常点的一道菜，深受顾客好评，如果诸位没什么意见，我请求半价送给诸位品尝，另一半费用由我个人垫付。当然，如果诸位不同意，我就垫付全部费用，请诸位品尝一下这道菜。"只要服务员这样说，一般的客人会觉得不好意思让服务员垫付，大多数会如数照付。此时，服务员应该再次表示感谢，感谢顾客对自己工作的支持，接下来只需要尽心尽力地服务，不要再出类似的差错就可以了。

当然了，有些服务员害怕领导责骂自己，又不想自己承担费用，于是妄图悄无声息地把上错菜的过错推给顾客，等顾客结账时把费用加进去。这种做法是不道德的，不符合职业操守。细心的顾客发现后，很可能觉得这是餐厅故意玩的计谋，耍手段推销菜品，也许会因为这件事投诉餐厅。即便顾客没有发现，服务员内心也会觉得不安，在今后的工作中会多次想起这件事，受到良心上的谴责。无论做什么工作，最重要的是真诚，只有真诚对待顾客，才能赢得顾客的信赖。如果顾客发现这家餐厅的服务员缺乏诚信，就会对这家餐厅失去信任，今后也就不愿意继续来这家餐厅消费。

小吴是一家家乡菜馆的服务员。一次，客户点了一道酸菜鱼，而小吴却误听为水煮鱼，于是和客人发生冲突。

客人不依不饶地说："我们明明点的是酸菜鱼，你们却做成水煮鱼，这怎么能行？你肯定弄错了，把其他客人的菜传到这里来了，撤掉重做！"

小吴把水煮鱼撤掉，发现其他客人都没有点这道菜，于是对这桌客人说："只有你们这一桌点了鱼，其他桌都没点，肯定是你们点的。"

客人不认账，冲小吴嚷道："你把菜单拿来我们看看，怎么可能会点水煮鱼呢，我到任何地方都只点酸菜鱼的。"

小吴气冲冲地拿来菜单，甩给客人，说："看吧！您的菜根本就没有上错，肯定是您报错了，您就将就着吃吧！"

听了这话，客人不满意了，在餐厅里大声嚷道："到你们家吃饭，就这种服务态度吗？什么叫报错了？什么叫将就着吃啊？把你们经理叫来，我跟你没话说。"小吴满脸气愤，没好气地说了句："我不是您的奴隶，要叫自己叫去。"

站在一旁的经理把这一切看在眼里，满脸堆笑地走了进来，对客人说："十分抱歉，我们的工作不够细心，服务员的态度也不够好，我一定严厉批评她。这份水煮鱼就算我们免费赠送的，稍后把您点的酸菜鱼传上来，您看这样行吗？"

客人听了这话，火气不那么大了，对经理说："其实我也不是蛮不讲理的人，来这里吃饭已经许多次了，上错菜的现象还是第一次出现。菜上错了也没关系，我们可以将就，可是服务员这个态度，倒好像我们故意刁难她似的。难道我们吃饱了撑的，闲着没事干了？"

经理训斥服务员离开，转身对顾客说："您别生气，这是我们的责任，下次绝对不会出现这种事情。我一定教育服务员，让她们注意平时的服务态度。"

上错菜是常有的事，上错菜后怎么处理考验了餐厅的服务水平，也体现出服务员的工作能力。上错菜已经暴露出餐厅在工作上的不足，更反映出服务员在自身工作能力上的缺点，因此，服务员应该虚心听取意见，及时补救由于自身错误而给顾客带来的不便。

打架斗殴冷静处理

在餐厅用餐，许多人都会喝酒，人一喝酒就容易上头，上头后很容易丧失理智。一旦一方情绪激动，另一方又不肯相让，双方就极有可能发生冲突。在餐厅中，打架斗殴现象经常发生，如果餐厅经营者不懂处理之道，很可能使小摩擦演化为大矛盾，给餐厅造成重大损失。

处理这种事情，要求餐厅服务员或管理人员头脑灵活，有足够的能力应对。打架斗殴的原因多种多样，餐厅工作人员可以先把打架的双方制止住，再询问具体原因，最后根据不同原因拿出不同的解决方案。

如果打架的客人彼此认识，只是因为一点矛盾大打出手，可以让他们同来的朋友进行劝解。一般情况下，这类客人会有所顾忌，不会把事情闹大。不过，餐厅工作人员不可大意，应该立即前去劝解，避免发生更大的冲突。劝解时，餐厅工作人员应该注意自己的语气和劝解的方法，不要站在任何一方的立场上，更不能加入客人之间的争吵。

如果打架的客人彼此不认识，因发生矛盾而大打出手时，性质往往比较严重，下手比较重。遇到这种情况，餐厅工作人员要立即找来保安，让保安制止他们。其他工作人员可以试着劝解，劝解无效时可以想办法拖住对方，等待保安或餐厅管理者到来。由于这类人比较冲动，所以劝解时要注意保护自身的安全。保安劝架时，应该首先保护顾客、工作人员不被伤害，其次要保护好餐厅财产安全。如果双方不听劝解，可以把双方控制住，把他们请到办公室中，询问具体的情况并做好登记，再移交给公安部门处理。

如果是餐厅之外的人来餐厅闹事，和正在用餐的顾客或正在工作的工作人员打起来，餐厅管理者要立即把保安叫来，一起制止他们的斗殴行为，避免事态进一步扩大。假如餐厅管理者不能处理好，可以报警请公安部门介入。

有一则新闻报道说，两桌互不相识的顾客在一家餐厅就餐，因为口头上的矛盾而大打出手，损坏了餐厅里的桌椅和餐具，让餐厅蒙受巨大损失。

在双方打斗期间，服务员多次劝解，但是双方谁都不听劝，依然不肯收手。打斗扰乱了餐厅的秩序，殃及其他顾客，致使多名顾客因为受到惊吓而四处逃散，离开餐厅时甚至没有结账。

餐厅蒙受巨大损失，餐厅经营者气不过，于是将双方告上法庭，请求法庭责令他们赔偿餐厅遭受的损失。最后法院判定双方因琐碎小事在餐厅打架，给餐厅造成损失，具有不可推卸的责任，应当赔偿餐厅遭受的损失。

餐厅工作人员有责任劝阻斗殴的双方人员，如果无法控制形势发展，就要迅速报警，等待警察前来处理斗殴行为。在等待警察的过程中，餐厅工作人员可以做一些工作，如疏散就餐顾客，把刀具、酒瓶之类的东西收起来等。警察到来后，餐厅工作人员要协助警察了解现场情况，把监控录像提供给警察。

另外需要注意，劝架很容易误伤餐厅员工或顾客，所以能劝则劝，不能劝就不要插手拉架。警察没有到来之前，一定要稳住客人，如果打架者离开了，很可能由餐厅承担责任。因此，在保证餐厅工作人员人身和财产安全的前提下，要控制住对方，不让任何一方离开餐厅。

服务醉酒顾客的技巧

顾客在餐厅中就餐，很可能因为控制不住酒量而出现醉酒现象。对餐厅服务人员来说，醉酒是一件令人头疼的事情，原因是此时的顾客头脑不清醒，听不进服务人员的意见。处理这种事情时，服务员要明白顾客喝醉酒的原因，是因为遇到喜事心里高兴，还是遇到难事借酒浇愁。无论哪种情况的醉酒，服务员都要注意以下技巧：

1. 陪酒的技巧

有些客人的酒品很差，喝醉酒后就喜欢拉着女服务员让陪酒，也不顾女服务员是否乐意。这些客人喝醉之后就无所顾虑，不仅拉着女服务员的手不放，甚至勾肩搭背，做出一些更过分的举动。面对这种客人，服务员该怎么办呢？

面对这种素质比较低的顾客，服务员可以推说自己不能喝酒，一喝酒就醉，喝醉了也就没法继续工作了。如果客人继续坚持让服务员陪酒，服务员可以推说身体不舒服，请求以茶代酒，希望顾客能够谅解。假如顾客不依不饶，服务员可以把餐厅里的营销经理介绍给顾客认识，或者找一些酒量大的男服务员来陪客人喝酒，顾客的兴致自然就降下来了。

2. 顾客醉酒后呕吐的处理

顾客喝醉酒后呕吐，服务员应该及时清理呕吐物，主动送上毛巾、浓茶、或解酒饮料，千万不能因为气味难闻而故意躲避，更不能拒绝打扫卫生，让顾客自己动手打扫。

赵先生和朋友王女士在一家餐厅就餐，不想竟然遇到一件怪事。在就餐期间，赵先生多喝了几杯酒，突然感到反胃，他想跑到卫生间呕吐，却因为没有坚持住而吐在地上。在一旁照顾赵先生的王女士连声向服务员道歉，请服务员打扫一下，没想到服务员置若罔闻，拿来一卷卫生纸后转身离开了。王女士气急败坏地找到服务员，质问她说："我让你打扫一下，你怎么转身离开了？"

服务员没好气地说："每天这么多人喝醉酒，如果每个人都要求我打扫，我忙得过来吗？你们还是自己打扫吧！"

王女士越想越生气，没想到吃顿饭还要自己打扫卫生，当然不乐意，于是找到大堂经理投诉这位服务员服务不到位。

大堂经理了解情况后，对王女士说："非常抱歉，是我们的服务员服务不到位，给您带来的不愉快还希望您能谅解。您的投诉非常好，我们餐厅是不会让顾客亲自打扫卫生的，我马上安排服务员过来打扫卫生。"片刻之后，大堂经理不仅安排服务员打扫了卫生，还亲自给喝醉的赵先生倒了一杯热水，并呈上一个果盘向赵先生和王女士致歉。

总之，贴心的服务必然能给顾客留下深刻的印象，让顾客觉得这是一家以人为本，服务热情、周到的餐厅，以后用餐自然愿意继续来这家餐厅。

3. 损坏餐厅的物品

顾客醉酒后意识不清醒，很难控制自己的行为，往往会因为不小心而损坏餐厅的物品。遇到这种情况，如果顾客有意识清醒的亲友在场，可以拿着物品价格表请亲友代为赔偿；如果只有顾客一人，可以联系顾客的亲友，让亲友前来餐厅代为赔偿。为了不和顾客的亲友发生矛盾，服务员可以调取录像资料，提供醉酒客人破坏餐厅物品的证据。

不过，服务员应该尽量不让这种事情发生，发现顾客醉酒后，要把顾客身边容易损坏的物品撤离，避免顾客不小心把餐具、玻璃杯等打碎，并及时请顾客的亲友将其带回家中。最好的办法是服务员为顾客提供服务的过程中，应该注意留心观察顾客，适时提醒顾客不要喝醉，如果顾客执意不听，可以向顾客索要一位紧急联络人的电话号码，以备不时之需。

如何处理客人投诉

在经营餐厅的过程中，经常会遇到顾客前来投诉，这会让人觉得心烦意乱，餐厅经营者会理所当然地认为顾客是一个蛮不讲理的人，简直不可理喻。其实，顾客的投诉不见得是什么坏事，它可以帮助餐厅经营者和餐厅从业人员改进日常工作，增强餐厅的竞争力。

俗话说："好事不出门，坏事传千里。"面对顾客的投诉，如果餐厅经营者没有处理好，就会使餐厅的信誉度下降，进而导致餐厅的营业额下滑。餐厅经营者要正确对待顾客的投诉，让顾客感受到餐厅的真诚，愿意用虚心的态度对待顾客的投诉，那样才能赢得顾客的信任和谅解。

愿意投诉的客人其实是对餐厅抱有希望，希望通过投诉的方式改进餐厅的服务水平，希望下次就餐时得到满意的服务。因此，不管是餐厅管理者，还是普通的服务人员，都应该认真地对待顾客的投诉。那么，餐厅从业人员该如何对待顾客的投诉呢？

1. 仔细倾听投诉的原因

餐厅从业人员要仔细倾听顾客投诉的原因，还可以用笔记本记下作为备忘录，让顾客感受到你对他的重视和尊重。遇到不清楚的地方，要表现出虚心请教的样子，让顾客解释清楚。餐厅从业人员可以不时附和，对顾客说："没错，您说得很对！""这一点确实是我们的错。""我们以后会改进的。"

顾客投诉时，往往余怒未消，餐厅从业人员一定要仔细聆听，给顾客端茶倒水，逐渐软化顾客，让顾客的怒气一点点消除。餐厅从业人员千万不可表现出漫不经心的样子，那样会让顾客觉得自己的投诉不被重视，更不可以表现出不耐烦的样子，否则会惹怒顾客。

2. 向顾客道歉

顾客投诉往往是因为在餐厅中受到不公平的对待，作为受理投诉事件的餐厅从业人员，代表着餐厅的形象，理当向顾客道歉，让顾客感受到餐厅对投诉事件的重视，对顾客受到不公平对待的歉意。如果顾客投诉服务员服务态度不好，相关人员可以对顾客说："我们的服务人员这样对待您，我代表餐厅向您道歉。这种事情真不该在我们餐厅中发生，如果您同意，我现在就让服务员向您道歉。"如果顾客投诉饭菜不卫生，相关人员可以说："您反映的这个问题帮了我们的大忙，我们今后一定多留心，不会再出现这类事情。饭菜不卫生是我们的责任，我们餐厅理当为自己的错误付出代价，退还您的就餐费用。希望您以后多提意见，我们一定虚心学习。"

3. 站在顾客的立场上考虑

餐厅工作人员要树立一种观念：顾客永远是对的。面对顾客的投诉，餐厅工作人员要以这一点为重要原则，始终站在顾客的立场上考虑问题。只有这样，才能理解顾客，公平公正地处理好顾客的投诉。"顾客是上帝"，只有站在顾客的立场上考虑问题，始终为顾客的利益着想，才能塑造一个完美的餐厅形象，帮助餐厅赢得更多的顾客。

不管是大事还是小事，只要是顾客的投诉，餐厅工作人员都要认真对待，设身处地为顾客着想。只有这样，才能用最快的时间解决问题，减少由于顾客的投诉而对餐厅名声造成的损害。

4. 不可使用否定的语气

顾客投诉时，应该对顾客的投诉表示认可，千万不能使用否定的语气解决顾客的投诉。餐厅的菜品质量不好，服务人员服务态度差时，接待人员不能张口就说："绝对不可能，我们餐厅怎么会有这种事情呢？肯定是您弄错了。"用否定的语气应对顾客的投诉，无疑是在指责顾客故意来餐厅找碴，是不可取的行为。即使接待人员对餐厅的服务质量非常自信，也要对顾客的投诉表示认可。最令顾客反感的不是投诉没有得到解决，而是被接待人员当成一个惹是生非的人。

食物中毒急救

由于疏于防范，许多餐厅都发生过食物中毒现象。中毒现象的产生以及处理不当，很容易给餐厅的口碑造成极大的负面影响，同时也将导致客源减少。

所以，一旦发生食物中毒现象，餐厅不能隐瞒，也不能推卸责任，正确的做法是以顾客的生命安全为主，迅速采取急救措施。那么，一旦顾客出现食物中毒现象，有哪些急救措施呢？

1. 催吐法

假如顾客发生食物中毒现象，首先要弄清楚对方吃了什么，如果顾客刚吃下不久，就可以使用催吐方法。可以让顾客喝比较浓的盐水，调制比例为20克盐和200毫升水。假如顾客喝一次盐水后没有呕吐，可以让顾客多喝几次，直至吐出毒物。也可以取60克鲜生姜，捣成汁后加入温开水冲服，这样不仅可以保护胃，还能起到解毒的作用。还可以把洗净的手指或筷子插入顾客的喉咙，也是一种效果显著的催吐法。

2. 下泻法

如果距离顾客吃下食物已经有很长时间，可以使用下泻法。可以让顾客服用适量泻药，使顾客把毒素排泄出来。效果比较好的泻药有生大黄和番泻叶等。假如顾客是老年人，可以让对方服用元明粉。

3. 解毒法

假如顾客吃的是变质的虾、蟹类食物，可以往杯子内倒入100毫升食醋和200毫升水，搅拌均匀后让顾客服用。或者用30克紫苏、15克绿豆、10克生甘草，煎熬成汤后让顾客饮用。假如顾客误食的是变质的饮料或防腐剂，最好的急救方法是让顾客饮用鲜牛奶或其他含有蛋白质的饮用品。

如果以上方法均宣告无效，顾客的症状始终不见好转，或者中毒现象比较严重，已经出现脱水、昏厥症状，应该及时拨打急救电话，送顾客到医院就诊。

餐厅经营者和服务员不仅要了解基本的中毒急救方法，还应该对以下几种比较常见的食物中毒急救方法有所了解。

1. 毒蘑菇中毒急救

我国有毒的蘑菇多达100多种，有20多种能引起中毒现象，其中的毒伞、毒粉褶菌、包脚黑褶伞、秋生盔孢伞等都有剧毒。如果已经可以断定顾客是因为误食毒蘑菇而中毒，可以立即拨打急救电话，确保顾客得到及时、专业的治疗。等待就医时，餐厅工作人员可以使用催吐法减少顾客体内的毒素。

2. 霉变薯类中毒急救

假如马铃薯、红薯等薯类的贮藏方法不对，就会被霉菌感染，在表面发出青芽或形成黑褐色斑块，不慎食用后很可能引起中毒。假如中毒较轻，可以让顾客饮用绿豆汤、甘草汤或淡盐水解毒；假如中毒较重，可以食用催吐法，然后送顾客就医。如果顾客出现呼吸衰竭现象，应该立即采取人工呼吸，掐顾客的人中和涌泉穴，然后及时送到医院就医。

3. 鱼、虾、蟹中毒急救

如果顾客因为食用鱼、虾、蟹而发生中毒现象，可以往杯中倒入100毫升食醋和200毫升水，稀释后请顾客饮用。也可以用30克紫苏、15克绿豆、10克生甘草，煎熬成汤后让顾客饮用。

顾客烫伤、烧伤的处理方法

一般情况下，烫伤、烧伤有Ⅰ度、Ⅱ度和Ⅲ度之分，Ⅰ度烫伤、烧伤的表现为红肿、热、痛、干燥，但是尚未出现水泡和破皮现象；Ⅱ度烫伤、烧伤的表现为剧痛，出现水泡和破皮现象，创伤表明出现明显的红肿；Ⅲ度烧烫伤表现为皮肤干燥、无弹性，不再感觉疼痛，没有水泡，形状像皮革一样，出现焦黄、蜡白等颜色，毛根没有正常的解剖结构。

刚被烫伤、烧伤后，要对伤口进行降温处理，严防因温度太高而伤害肌肤深层组织，并起到缓解疼痛的作用。

通常情况下，可以用白酒冲洗伤口，这样可以迅速把烫伤或烧伤处的热量散去。选用白酒时，可以选用20～50度的普通白酒。假如餐厅内暂时没有白酒，可以用第二次的淘米水冲洗伤口降温，也可以用凉开水冲洗降温。选择这三种方法时，可以酌情选择一种最方便的方法。

许多人喜欢用生冷水冲洗或浸泡伤口，其实这种方法是错误的，因为这种方法很容易导致热度内浸，从而引起肌肤溃烂，使伤势加重，很容易留下伤疤。

此外，烫伤、烧伤的Ⅰ度、Ⅱ度和Ⅲ度分别还有怎样的处理方法呢？

1. Ⅰ度烫、烧伤处理方法

假如餐厅里有芦荟，可以在伤口处涂上芦荟汁；假如餐厅内没有芦荟，可以去药店购买万花油或烧烫伤膏。不过，这些方法只能治疗烧伤、烫伤程度比较轻的顾客，对烧伤、烫伤程度比较重的顾客却没有太大的功效。

2. Ⅱ度烫、烧伤处理方法

对于Ⅱ度烧、烫伤，可以先使用降温法为伤口降温。具体方法如上文所述。假如餐厅内有烧伤、烫伤药物，要及时使用药物涂抹在伤口处。最后把伤者送往医院接受治疗。

需要注意的是，假如烫伤、烧伤比较严重，千万不可以包扎，因为暴露疗法更有助于伤口的恢复，使留疤痕的概率大大降低。另外，假如伤者有发热的迹象，应该及时请伤者服用退烧药；有口渴的感觉，应该及时请伤者饮用盐水以补充水分。

为了防止伤者出现伤口发炎的症状，可以使用头孢氨苄、红霉素、庆大霉素等抗生素来消炎。Ⅱ度烫、烧伤是比较严重的，假如皮肤脱皮，脱皮的地方往往会渗液流津，很容易引起伤口发炎，应该小心处理。假如伤势过于严重，要及时送到医院诊治，否则会有生命危险。

3. Ⅲ度烫、烧伤处理方法

Ⅲ度烫、烧伤的处理方法和Ⅱ度烫、烧伤处理方法类似，不过要时刻观察伤者的身体情况，尤其要注意给伤者补充盐水，观察伤者的体温是否正常。Ⅲ度烫、烧伤比较严重，最好立即送到医院，使伤者得到专业人士的及时的救治。

第十四章
后厨管理面面俱到

后厨是餐厅的核心，是餐厅的生产重地，是所有美味佳肴的烹制点，其直接影响菜品的质量，从而影响餐厅的整体效益。因此，餐厅管理者要抓好后厨管理工作，维护厨房的正常工作秩序，让厨房一直保持一个比较高的工作效率，从而保证餐厅的正常运转。

厨师的考勤和纪律

要想维护厨房的正常工作秩序，让后厨人员一直保持一个比较高的工作效率，就要建立一个健全的考勤制度，让厨师养成遵守时间的习惯。还要严肃厨房的工作纪律，让厨师在秩序井然的环境下工作。

那么，餐厅应该如何建立厨房的考勤制度呢？以下是某餐饮公司针对厨师的部分考勤制度。值得我们借鉴。

（1）后厨工作人员必须严格遵守考勤制度，遵守现行的点名制度。

（2）厨师不得擅离岗位，在工作时间内，如果没有经过允许，不得串岗。值班时间和上班时间没什么区别，应该严格遵守值班制度。

（3）后厨工作人员必须严格按照餐厅规定的时间上下班，上班必须打卡签到，下班必须打卡签退，不允许委托他人代为打卡。如果没有打卡，需要向考勤人员说明原因，经过经理核实后再决定是否给予经济上的处罚。如果厨师请病假、事假、公差、外勤，无法打卡签到、签退，需要联系考勤负责人，让考勤负责人做好记录。

（4）后厨员工不可以私自倒班，也不允许私自换休，如果确实有特殊情况，需要提前向负责考勤的管理人员提出申请，被批准后才能倒班或换休。假如没有经过允许就私自倒班或换休，将按照旷工处理，私自倒班或换休而给餐厅造成的损失将由厨师本人承担。

（5）每月的2号为厨师的考勤统计时间，2号之前应该连同厨师的请假单一起提交给总经理审核。考勤记录和考勤报表将作为制定工资表的参考资料。

（6）每月的全勤奖为200元。全勤标准是：每月无请假、迟到、早退、旷工现象。厨师每月休息四天，公司严格按照法定节假日放假，如果法定节假日厨师自愿加班，除发放节假日礼品外，另外给予三倍基本工资奖励。

所谓"无规矩不成方圆"，后厨的每一位员工都应该严格遵守考勤制度，服从公司的考勤安排。厨师除了遵守考勤制度外，还要遵守后厨的纪律。以下对后厨人员设定的纪律值得我们学习：

（1）厨师必须办理健康证，凭健康证方能上岗。后厨所有工作人员都要进行健康检查，患有传染性疾病的不可担任厨师工作。如果患有伤寒病、痢疾、渗出性或化脓性皮肤病、活动性肺结核、病毒性肝炎等，应该在家中治愈后再上岗。

（2）后厨工作人员必须严格遵守个人卫生和后厨卫生要求，在日常的工作和生活中保持良好的卫生习惯。作业时必须戴上厨师帽，头发梳理整齐，以不露出帽外为标准。

（3）厨师在工作时间要穿戴整洁，不可裸露脊背，不可以穿短裤、背心工作，不可穿便装，更不可以穿奇装异服。除此之外，厨师也不可以在上班时间穿凉鞋或拖鞋，一方面是因为这样做不卫生、不文雅，另一方面是因为这样做容易烫伤、烧伤。

（4）厨师不可以在厨房内吃东西，不可以吸烟、嚼口香糖，不可以不经过允许把厨房内的物品擅自带到厨房外面，不可以领无关人员进入厨房。

（5）餐具掉落后，必须经过清洗、消毒处理，否则不能使用。熟食掉落在地，应该将其丢弃，不可捡起使用。厨房用具定时清洗，工作台面保持整洁。

（6）使用厨房用具、餐具时要爱惜，轻拿轻放，避免人为损坏，并做好保养和维护工作。如果因为操作不规范而造成用具、餐具损坏或丢失，必须照价赔偿。雕刻、花嘴等工具交由专人保管存放，他人借用时要做好记录，不做记录者不可私自取用。厨房内的一切用品，不经过允许，都不可以擅自带出。

（7）后厨厨师不可擅自离开岗位，工作时间不可做与工作无关的事。交接班时，交班人员需要向接班人员交代各种事宜，一切安排妥当之后才能离开岗位。

厨房的生产方式

餐厅的生产方式落后，生产管理水平不高，菜品的质量就会不稳定，成本就会被抬高，厨师做菜的效率将非常低，最后浪费大量资源。因此，餐厅一定要探索新的生产方式，既保障最基本的生存，又让餐厅稳步发展，用最快的速度促使烹饪工业化、产业化。

一般情况下，厨房有哪些生产方式呢？

1. "包产到户"制

所谓的"包产到户"制，指的是厨房具有明确的分工，厨房里的每一名员工都有自己明确的职责，负责的工作内容固定不变。这种生产方式有一个很大的优点，它可以把具体的责任和权利划分到个人，不会有菜品质量出现问题却找不到相关责任人的情况。

"包产到户"制具有明确的分工，每一名厨师的岗位职责清晰，可以让厨房员工在某个领域发挥出极高的水平，让员工更能胜任自己的工作。由于负责相应工作的厨师都很擅长所负责领域的工作，所以能节约大量时间，降低劳动成本，提升工作质量，使做出的菜品更加稳定。同时，"包产到户"对人员培训的要求比较低，易于操作。明确分工之后，厨师的厨艺会更加精湛，单位时间内完成的工作量必然大增。这种方法可以有效避免厨师从一种工作转到另一种工作而浪费大量时间。不过，"包产到户"也有它的缺点，例如工作比较单一、乏味，划分权利和责任时很难做到科学合理、公平公正。

2. "大锅饭"制

所谓的"大锅饭"制，是指后厨里没有明确分工，一切工作都由厨房员工共同承担。这种制度要求厨师同时掌握多种厨艺，它不要求一门精，却要求门门通。也就是说，厨房里的厨师并不是只擅长一种烹饪技巧，而是擅长所有烹饪技巧的全能型厨师。厨房里没有专门的洗菜工和切菜工，每一名厨师都要从原料加工开始，洗菜和切菜都由自己承担，一直到菜品出菜，都要事无巨细地一并承担，甚至连洗碗和清洗设备都要亲自负责。

"大锅饭"制的优点是组织结构简单，管理不复杂，工作内容丰富，不会让厨师产生枯燥、单一的感觉。由于这种制度要求厨师全程操作，所以能激发厨师的工作热情，让厨师产生强烈的成就感。不过，这种制度的缺点也很明显，比如要耗费大量时间，工作人员的效率有限。餐厅里的菜品丰富多彩，原料千差万别，生产技艺繁杂多变，从原料到成品，需要烹制菜品的厨师掌握多道工序，所以不容易培训，也不容易把控菜品质量。

3. 流水线制

20世纪初，美国汽车大王亨利·福特第一次把这种制度用于汽车装配上，所以又被叫作"福特制"。50年代，快餐企业麦当劳开始引用这种制度，把生产过程进行科学、合理的划分，给每一道工序都划分出合理的时间，安排合适的人员，把复杂的工作分解成一个个简单的工作。这种制度以分工为基础，可以把整个生产过程进行科学、合理的分解，最后使每一道工序都变得操作简单，易于掌握。只有少数工序需要人工操作，大多数工序都是流水作业，操作简单、方便，很大程度上提高了生产效率。

在这种制度下，餐厅对劳动者的管理更加科学，操作流程更加标准，所以具有很高的效率，这一点是其他生产方式不能企及的。它对工作人员的要求比较低，所以易于培训，易于操作，不会因为人员流失而给餐厅造成巨大损失。

4. 中心厨房制

中心厨房，也就是设立一个集中加工的主厨房，一切经营产品的原料加工、切割等工作都在这里操作，所以又被叫作配送中心。这种生产方式被广泛应用于连锁餐厅，是餐厅产业化、工业化的重要标志。在连锁餐厅内，中心厨房按照统一标准把原料加工成半成品，再配送到各个连锁店，再进行二次处理，最后提供给顾客。有的中心厨房甚至把原料直接加工成成品，配送到各个连锁店后不需要再进行二次处理，就可以直接提供给顾客。这种生产方式便于集中采购，把采购价格压到最低，而且很大程度上降低了人工成本，使餐厅的效益一直处于最好的状态。

餐厅的效益在于如何使用科学、有效的方式组织生产，明确手工操作和机械生产各有什么样的偏重，极大地提高餐厅的工作效率，让餐厅具有更强的竞争力。这种生产方式具有工业化效果，能创造出惊人的效益。

餐厅产品的独特性

和其他行业的产品不同，餐厅提供的产品不能大批量地生产，而是要根据客人的定制有针对性地制作，同时还要受到其他多种因素的制约。

餐厅提供的产品和其他产品不同，都是可供食用的蔬菜、水果、粮食、肉类等，目的是满足顾客的食欲。"民以食为天"，饮食方面的东西质量自然要求比较高，不仅要求安全可靠，还要求讲究卫生，因此制度比较多，规矩比较繁杂。

菜品的制作虽然批量比较小，但是规格多种多样，所以无法采用相同规格的作业方式。客人的多少决定了菜品的制作量，所点菜品的种类决定了菜品的制作方法。因此，菜品的制作具有时断时续性，生产批量比较小是最大的特点。另外，餐饮产品的销售受时间的限制，只能在早餐、午餐和晚餐时间段销售，其余时间段的销售量往往非常小。假如厨房的规模不大，配备的厨师不足，即便是在就餐的高峰时段，菜品的销售量也会有一定的限度。

从消费者进入餐厅落座，直到饭菜上桌，整个过程非常短暂。由于时间仓促，所以厨房必须提前做好各项准备工作。顾客点餐后等着饭菜，如果厨房不能及时上菜，顾客就会因为等得不耐烦而中途离开餐厅。除了要求厨师提前做好准备外，还要求厨师具有精湛的厨艺，能迅速做出满足顾客要求的可口饭菜。一般来说，餐厅的生产、销售和消费是三个紧密连接的环节，中间不能有时间间隔，菜品做出之后，厨房和服务员要紧密协调，让服务员及时传到餐桌上。因为菜品生产出来之后，随着时间的推移，菜品的质量将越来越差，香味逐渐飘散，色泽由光鲜变为暗淡，温度下降，影响美感、口感。

总的来说，不同的厨师具有不同的厨艺，不同的烹饪方法具有不同的味道，所以，一道菜的质量很难保证一直很稳定。一般情况下，一道菜需要很多人共同参与，互相配合才能制作而成，前一道工序的质量直接影响下一道工序能否顺利完成，进而影响整道菜的质量。菜品生产不同于机器制作，它属于手工操作，因此菜品的质量参差不齐。

最后，需要注意烹饪所用到的原料必须是新鲜的，因为只有在新鲜状态时才含有丰富的营养素，所以要在运输过程中小心谨慎，在储藏过程中妥善保管，否则很容易导致腐坏变质。

强化后厨与前厅的沟通

赢利是开餐厅的最终目的，为了实现这个目标，给餐厅带来丰厚的利润，同时提升餐厅的影响力，餐厅经营者应该强化后厨与前厅的沟通，让两个部门之间互相监督，互相配合。

大堂经理是前厅的领导，厨师长是后厨的领导，两者都是餐厅的核心人物，可以说是总经理的左膀右臂，餐厅经营的好坏和他们的工作具有十分紧密的关系。从某种程度上说，后厨的日常运作离不开厨师长，前厅的日常运作离不开大堂经理，正是依靠后厨和前厅这两个部门的互相配合，餐厅才能正常运作。所以，后厨和前厅能不能互相配合工作，是否可以充分信任对方，关系到餐厅的效益。两个部门之间要多沟通，增进了解，只有这样才能共同完成日常工作，提高餐厅的整体效益。

然而、在一些餐厅中，后厨和前厅两个部门缺乏沟通，厨师长和大堂经理钩心斗角，厨师和服务员互相踢皮球，各自搞小团体。最后导致做好的菜无法及时传到餐桌，既影响了菜的味道，又让顾客等待时间过长，对餐厅产生不好的印象。

常在饭店吃饭的人都有过这样的经历：在餐桌前点了几道菜，服务员拿到后厨后，立即又拿了回来，满脸歉意地说："后厨没有原料了，这几道菜暂时做不了，不如点别的吧。"遇到这种情况，相信大家心中多少都有一些不痛快，即便服务员一遍又一遍地道歉，大家也会认为餐厅的工作没做好，对餐厅的印象也会因此大打折扣。为什么会出现这种情况呢？就是因为后厨和前厅没做好沟通，前厅的服务员无法及时掌握后厨的信息。

所以，不管是小饭馆还是大餐厅，每天准备开餐之前，后厨和前厅两个部门的相关负责人都要开个简短的例会，互相沟通一下当天可以提供哪些菜品，有哪些菜品因为缺乏原料而暂时无法提供。具体来说，需要注意以下几点：

（1）后厨负责人可以在例会上告诉前厅负责人，当天后厨准备推什么特色菜，这种特色菜有什么样的特点，口味是怎样的。前厅负责人得到信息后，要及时传达给服务员，方便服务员更好地为顾客提供优质的服务。得到后厨人员提供的信息后，前厅服务员要积极配合，做好菜品的推销工作。

（2）在客人用餐的过程中，后厨和前厅两个部门更要加强沟通。服务员直接和客人打交道，等顾客尝过菜品之后，可以及时询问菜品的味道如何，是太咸还是太淡，是太熟还是太生，是太多还是太少，然后把这些信息及时反馈给后厨。此时，后厨要积极配合前厅服务员，在第一时间解决客人提出的问题，给客人留下一个好印象。

（3）如果客人退菜或投诉某个菜品，服务员要站在客人的立场上，先安抚客人的情绪，再把客人反映的问题及时反馈给后厨。不过，两个部门之间沟通要注意沟通方式，无效的沟通方式不仅无助于解决问题，还会适得其反，导致结果变得更糟。

（4）在就餐高峰时段，服务员经常被客人催菜，许多餐厅的服务员催菜基本靠吼，吵闹的环境严重破坏了客人就餐的气氛。后厨切菜声、炒菜声混作一团，厨师们工作繁忙，很难听到服务员的催菜声，只不过是在浪费时间。面对这种情况，有的餐厅把声音感应器安装在传菜口，如此一来，服务员不用喊太大声音，厨师就能听得一清二楚，双方的沟通也就没有什么障碍了。

总之，为了强化后厨和前厅之间的沟通，餐厅经营者可以经常召开一些会议，让后厨和前厅的工作人员在会议上坦诚相见，说一下双方都有哪些意见，在工作中各暴露出什么问题。还可以就下一步的工作安排提一些建议，方便两个部门进一步开展工作。

第十五章
餐厅财务管理

餐厅经营者不需要像专业的财务那样，在财务管理方面有多么专业的知识。不过，一定要了解餐厅的财务状况。而要了解餐厅的财务状况，就必须了解一定的财务知识。因此，作为经营者，至少要知道各项财务指标，知道如何处理签单赊账，如何处理坏账，怎样预防财务漏洞，以及管理应缴税务的方法。

餐厅各项财务指标

餐饮市场的竞争日趋激烈，在经营餐厅的过程中，许多指标都能影响餐厅的生存和发展。通过观察各项财务指标，可以诊断出餐厅的财务状况，也可以看出餐厅的经营成果。财务指标包括营业成本、营业收入、营业利润等指标。

1. 营业成本

所谓的营业成本，指的是餐饮企业经营过程中向消费者提供劳动服务和产品服务而要投入的成本。它是衡量餐厅财务状况的重要经济指标，餐厅经营效益的好坏取决于餐厅的收入，同时也取决于餐厅的营业成本。

根据餐厅的经营特点，营业成本包括海鲜、鸡鸭鱼肉、蔬菜、调料、配料等各种原料的成本，也包括运输费、燃料费、保险费、水电费、管理费和财务费等经营成本，还包括广告宣传费用、维修保养费等成本。除此之外，还有办公费、会议费、人员工资、福利待遇、服装费、差旅费等管理成本。

2. 营业收入

营业收入指的是餐饮企业经营过程中向消费者提供劳动服务和产品服务而取得的收入。这是进行财务分析的一项基本指标，其大小决定了餐饮企业盈利的多少，也反映出餐饮企业的经营规模和经营状况。

计算营业收入时，餐厅经营者可以列出所有盈利点，然后把每一项盈利点的营业收入列出来，比如各类酒的营业收入、各种菜肴的营业收入、各种饮料的营业收入等，这些点都是影响总营业收入的关键因素。

3. 营业利润

营业利润是一项综合财务指标，可以反映出餐厅的经营管理水平，也可以反映出餐厅的业绩好坏。营业利润有一个计算公式：

营业利润＝营业收入－营业成本－营业费用－营业税金＝（餐位数×计算期天数×餐位周转率×人均消费水平）×（毛利率－营业税率）－营业费用

如果餐厅的营业收入太低，营业成本和营业费用太高，或者餐位周转率太低，就说明了餐厅吸引顾客的能力减弱了，就餐人数减少了。其中营业收入太低和营业成本太高都是餐厅出现亏损的最主要原因。

因此，餐厅要强化经营管理，增加菜肴的种类，并推出特价菜，为客人提供优质服务，搞一些促销活动，有效提升餐厅的营业收入。除此之外，餐厅还要采取有效措施加强采购、库存、粗加工和烹饪等各个环节的成本控制，并改进规章制度，养成节约用水，节约用电，节约用燃气的良好习惯，从各个方面降低营业成本和营业费用，提高餐厅的营业利润。

需要注意的是，财务指标并不是非常准确的，因为它建立在财务报表的基础上，而财务报表上的数字并不是非常精确的，所以餐厅经营者只能把财务报表当作一份参考资料，却不能把它作为准确计算餐厅利润的资料。分析各项财务指标时，要具体问题具体分析，认识到这些指标的局限性，只有这样才能让餐厅经营者得出更接近于真实情况的答案。

签单赊账的处理方法

签单赊账指的是客人吃饭时仅留下签名或字据，暂时没有付款，需要等一段时间后再偿还付款，是一种比较特殊的结账方式，也就是我们平时经常听到的"打欠条"。可以使用签单赊账的特殊结账方式的客人，往往是餐厅的常客，或者是餐厅经营者的亲朋好友，或者是有生意往来的合作伙伴。

凡事都有两面性，签单赊账可以为餐厅经营者积累人脉，有助于餐厅经营者维持人际关系，帮助餐厅招揽顾客。但是，如果签单赊账的人太多，餐厅经营者处理不当，有可能导致餐厅资金短缺，甚至因为无法收回欠款而形成坏账。

李女士开了一家快餐店，生意非常好。她平时喜欢交朋友，凡是经常来的客人都可以签单赊账，要账时却吃尽了苦头。那些欠债的客人今天推明天，明天推后天，有的说缓两天，有的干脆说没钱，气得李女士整天闷闷不乐的。

一个偶然的机会，她从网络上看到一首广为流传的打油诗，是一家餐厅的老板饱受要账之苦后贴在店门前的。原文是："百业经营利为先，分分厘厘皆血汗；赊账如同三结义，要账如同上梁山；一次要账红了脸，二次要账把脸翻；多年朋友失了信，你推我搡互埋怨；欠账还钱古来理，为人着想莫添烦；日常生活要节俭，欠账请你早点还。"李女士觉得这是一个不错的方法，就如法炮制，把这首诗打印出来贴到餐厅门前。经常赊账的朋友看到这首诗后不好意思继续赊账，已经赊账的朋友为了今后到餐厅消费时落个心里踏实，于是急忙把欠款还上，李女士的餐厅终于解决了流动资金短缺，欠款收不回来的麻烦。

赊账签单会导致餐厅有支出却没有收到现金，如果处理不当，很可能会出现大问题，比如餐厅由于流动资金匮乏而不得不停止营业。这种现象在小餐馆中最常见，如果餐馆老板缺乏流动资金，餐馆很快就会被迫停止营业。所以，餐厅经营者要防止出现这种现象。

不过，有些人脸皮比较厚，觉得自己和餐厅经营者的关系比较好，所以要求餐厅经营者必须同意赊账。这些人往往对餐厅经营者说："别人不能赊账，我也不能赊账吗？别人跟你什么关系，我跟你又是什么关系？我和别人能一个待遇吗？"遇到这种情况，餐厅经营者往往因为脸皮薄而同意赊账，只得吃个哑巴亏。

其实，这种处理方式并不妥当，既不利于遏制签单赊账的风气，也不利于和亲朋好友维持好关系。正确的做法是，餐厅经营者对要求赊账的朋友说："咱们这关系，什么都不用说了。你呢，按照餐厅规定给其他人做个表率，多体谅我的难处，多照顾我的生意，我呢，得顾着咱们这份情谊，给你打个折，送个菜，送瓶酒。怎么样？当然了，你要是坚持赊账，我也不能不允许，我怎么做呢？这钱啊，我不要了，给足你面子，我臊着你！让你欠着我！"如此一来，朋友也就不会坚持赊账了，毕竟真朋友不会为了坚持赊账而破坏彼此之间的友谊。

处理坏账的方法

坏账指的是收不回来的死账，原因是欠款者由于经营上出现问题而倒闭，被迫变卖等，或者是由于顾客长期拖延账款迟迟不还，看似有一笔未收款项，实际上已经收不回来。或者是欠款者破产、死亡，留下的财产偿还欠款后，无法继续收回的应收款项。

由于发生坏账而产生的损失，称为坏账损失。出现坏账，造成坏账损失是一种正常现象。坏账的产生有主观原因和客观原因之分，主观原因是指欠款者拥有还款能力，却拖着欠款故意不还，客观原因是指欠款者破产或死亡，偿还欠款后仍然不能收回的账款。

对于餐厅经营者来说，应收账款具有很大的风险，因为它是以合作双方的信誉为基础的，如果欠债一方不讲信誉，或者由于不可抗拒的因素，导致这笔欠款无法收回，那么应收账款就没了意义。

餐厅会计处理坏账时，可采用直接销记法，也就是把餐厅实际产生的坏账当作企业管理费用。这种方法比较简单，操作很方便，不过有一个缺点，那就是无法精准反映收入和费用各占多大比重。除了直接销记法，餐厅会计还可以使用备抵坏账法。也就是根据一定的会计方法，提前准备坏账准备金，如果出现坏账，就使用坏账准备金填补。这种方法操作比较麻烦，加大了会计的工作量，需要会计在刚产生应收款项时就准备一定的坏账准备金，不过，一旦产生坏账，会计处理时会比较方便。

直接销记法和备抵坏账法是两种不同的处理坏账的方式，餐厅可以根据自己的实际情况灵活选用。一般情况下，当应收款项数额小、回收周期比较短时，宜采用直接销记法。当应收款项数额大、回收周期比较长时，宜采用备抵坏账法。值得注意的是，餐厅选定一种处理坏账的方法之后，就要长期使用下去，而不是朝三暮四，一些款项使用直接消极法处理坏账，另一些款项却使用备抵坏账法处理坏账。

王先生的餐厅在经营过程中，有一家工程公司经常来消费，欠了王先生的餐厅1000元。由于某些原因，这家工程公司突然破产，欠下的1000元费用本属于应收款项，却变成了无法收回的坏账。因此，处理这1000元的应收款项时，餐厅会计就把这笔费用记作餐厅的管理费用。

在餐厅经营的过程中，坏账损失是一笔比较特殊的费用，所以要列出专门的明细，把坏账损失记录下来。另外，单独列出坏账损失有利于日后查账，还可以在坏账转变成回款时把相应数目的管理费用扣除。

处理坏账时，有一种比较特殊的情况。有的餐厅会计发现一些应收款项长期不能收回，就把它当作坏账处理，可是一段时间后却把这笔费用收了回来。如果遇到这种情况，会计该怎么做呢？首先，会计可以做回债务方的应收账款，然后使用收回的款项冲抵应收账款。

接着上面的例子说，假如工程公司的负责人是一位非常重信誉的人，从别处借来一笔费用，偿还了欠王先生餐厅的1000元钱。如此一来，餐厅会计做的这笔坏账就转变成了回款，所以要做回工程公司的应收款项，再用回款冲抵工程公司的应收款项。

如果餐厅的应收款项符合坏账损失条件，可以申请坏账损失税前扣除。不过，餐厅在申请坏账损失税前扣除时，要提供以下相关依据：

（1）法院的破产公告和破产清算的清偿文件。

（2）法院的败诉判决书、裁决书，或者胜诉但被法院裁定终（中）止执行的法律文书。

（3）工商部门的注销、吊销证明。

（4）政府部门有关撤销、责令关闭的行政决定文件。

（5）公安等有关部门的死亡、失踪证明。

（6）逾期三年以上及已无力清偿债务的确凿证明。

（7）与债务人的债务重组协议及其相关证明。

（8）其他相关证明。

假如逾期依然无法把应收款项收回，单笔数额比较小，无法弥补清收成本，企业可以做出专项说明，把无法收回的款项认定为损失。假如应收款项超过三年依然无法收回，餐厅可以提供催款记录，明确认定欠债一方已经无力偿还债款、停止经营或连续三年亏损，而且三年内一直没有业务往来的，就能认定为损失。

预防财务漏洞

财务是餐厅的命脉，在餐厅的实际工作中具有十分重要的作用，所以餐厅经营者一定要提高认识，重视财务管理在餐厅经营中的重要性，建立完善的财务制度，预防财务管理出现漏洞。那么，餐厅经营者做财务管理工作时，应该注意哪些漏洞，如何预防财务漏洞呢？

1. 发票漏洞及预防

在餐厅经营的过程中，发票管理上的漏洞经常出现。在餐饮业中，大部分使用定额发票和机打发票，有的客人付款后索要发票，有的客人却不需要发票，所以有的收银员就利用这个漏洞，把客人不需要的发票私自留用。一般情况下，那些财务收银管理比较混乱的餐厅容易出现这种问题，假如客人不要发票，收银员有可能会把收费单据销毁，把收到的费用据为己有。

另外，许多餐厅还在使用手工开具的发票，这种发票更容易出现漏洞。比如，客人实际消费290元，收银员开具发票时按照实际消费金额，而在财务联和存根联开具的金额却小于实际金额，或者给客人开具的发票高于实际金额，而在财务联和存根联开具的发票却等于实际金额，从而为截流收入创造有利条件。

这些漏洞极大地损害了餐厅的利益，给餐厅造成巨大的经济损失，甚至因为餐厅财务管理混乱而导致餐厅担负法律责任。所以，餐厅经营者一定要重视规避漏洞，加强对发票的管理。首先，可以让收银员在已经开具的发票账单上加盖公章，没有索要发票的客户也要注明，方便财务进行统计。其次，安排审核人员审核发票号码，并进行销号。最后，使用、管理发票时，要配合税务机关的工作，采用可监控发票系统。

2. 备用金、长短款的漏洞和预防

为了在收银的过程中结算方便，收银台需要准备一定的现金，用于收款结算时找零或兑换。为了防止收银员把备用金占为己有或私自挪用备用金，应该成立监控部门，对备用金的使用情况不定时抽查，同时要注意不得配备太多备用金。

收银员交接工作时，假如出现长短款现象，餐厅经营者应该要求收银员认真核查，长款上交财务，短款自己补齐。一般情况下，给客人找零时容易出现长款，这笔费用虽然没多少，不过日积月累也能积攒不少，所以餐厅经营者要注意这笔费用，预防收银员装进自己的腰包。

3. 账单的漏洞和管理

许多餐厅账单混乱，收银员擅自收取额外费用，然后把账单销毁，截流现金收入。因此，账单的管理意义重大。收银员管理账单时，可以填制账单控制表，并要求收银员只能连号使用，而不能跳号使用。把账单上交财务时，同时应该上交的还有附单、酒水单等。假如账单作废，应该把作废原因详细写在账单上，交由相关人员签字并审核。

4. 收据整理

一般情况下，做账时要求使用正式有效的发票，如果没有正式有效的发票，只有收据，入账时要求做相应的处理。有一种收据，上面写明了收的款项和收的物品，并且有经手人的签名和盖章，假如是购货款，就要把购货清单也附上。一般情况下，这种收据可以入账。不过，有一种收据和正式发票比较接

近，不被税务机关认可，所以不能入账。餐厅经营者可以要求会计把不能入账的收据汇总到一起，把收据记录的交易通过人工手写的方式写在收据上，让经手人签字。做过这些处理之后，收据就可以入账了。在餐馆经营的过程中，也许会出现一些收支没有收据的情况，遇到这种情况，可以使用经手人交接的单据入账。

开具收据时比较随意，也许没有开具发票那么严格，会计处理收据时，往往只凭经手人签名就可以做账，所以餐厅经营者应该选择诚实可靠的经手人，否则会出现财务漏洞，损害餐厅的经营。

应缴税务管理

作为一名合法经营者，有义务向国家缴纳一定的税费。至于缴纳税费的种类和数额，中国法律根据行业不同，经营状况不同，都有十分严格的规定。想要知道餐厅应该缴纳哪些税费，只需要参考相应的法律条款就可以。

中国税务法律规定，所谓饮食业，指的是通过提供饮食和饮食场所的方式为顾客提供饮食消费服务的行业。同时规定，对饮食店、餐馆等饮食行业经营烧卤熟制食品的行为，不论消费者是否在现场消费，均应当征收营业税，后来进一步明确规定：饮食店、餐馆（厅）、酒店（家）、宾馆、饭店等单位都要缴纳营业税。

一般来说，餐饮企业要向税务部门缴纳营业税、城市维护建设税、教育费附加，企业所得税、个人所得税等。如果餐厅使用营业房产，还要缴纳房产税；如果餐厅拥有车船，还要缴纳车船使用税。

宋女士开了一家餐厅，每月的营业额不足五万元。税法规定，营业额不足五万元的，按照营业额五万元征收费用。随着业务的扩大，这家餐厅每月的实际营业额已经超过五万元，但是宋女士依然按照营业额五万元缴纳费用。

一天，税务机关要求重新核定餐厅的营业额，宋女士以已经核定为五万元为理由，拒绝配合税务机关的工作。税务机关相关工作人员向宋女士解释说："对于已经核定营业额的，如果每月的实际营业额超过五万元，税务机关有权利重新核定营业额。身为一位合法公民，配合税务机关的工作是应尽的义务。"

有许多餐厅经营者不懂税法，因此不能很好地配合税务机关相关工作人员的工作，有的觉得已经核定月营业额，不能重新核定；有的觉得快餐厅的部分营业额不需要开发票，所以不需要缴纳营业税；有的以亏损为理由，拒不缴纳营业税。其实，这些都是违法行为，中国税法规定，虽然快餐厅的部分营业额不需要开具发票，但是依然要按照实际收入缴纳营业税，缴纳标准遵照服务业的标准，即5%。餐厅无论是否亏损，都必须缴纳营业税、城建税和教育附加费。

1. 营业税

餐厅经营者经营餐厅，应该缴纳营业税。营业税的缴纳标准为营业收入额与营业税率的乘积。

假如饭馆、餐厅和其他饮食服务场所不仅提供饮食，还提供歌舞等娱乐活动，额外收入部分应该单独记账，缴纳营业税时按照娱乐业的营业税率。假如另行收取的费用无法划分清楚，不能确定是属于餐饮业，还是属于娱乐业，缴纳营业税时应该统一按照娱乐业的营业税率。

2. 城建税

城建税，也就是城市维护建设税。计算城建税时，依据是纳税人实际缴纳的营业税税额，税率分别为1%、5%、7%。营业税税额与城建税税率的乘积，即为应缴纳的城建税税额。

3. 教育附加费

缴纳教育附加费时，应该缴纳的金额为纳税人实际缴纳营业税的税额与教育附加费的费率的乘积。教育附加费的费率为3%。

4. 企业所得税

餐厅经营者从事生产经营活动，应该缴纳企业所得税，税率为33%。其计算公式为：

$$应纳税所得额 = 收入总额 - 准予扣除项目金额$$
$$应纳所得税 = 应纳税所得额 × 税率$$

年应纳税所得额在三万元（含三万元）以下的，税率适当降低，税率为18%；年应纳税所得额为三万元至十万元（含十万元）的，税率为27%。

5. 个人所得税

个人所得税的纳税人是指在中国境内有住所，或者虽无住所但在境内居住满一年，以及无住所又不居住或居住不满一年但从中国境内取得所得的个人，包括中国公民、个体工商户、外籍个人等。一般的餐厅都是缴纳个人所得税，餐厅经营者应该按照法律规定，缴纳个人所得税。税法规定，个体工商户缴纳个人所得税的税率为5%～35%。不过，实际征收时采取的往往是负担率，税务机关要核定个人月薪，月薪和负担率的乘积即为应该缴纳的个人所得税。

第十六章
活动宣传打造影响力

要想经济效益好，餐厅就要多做活动，多搞宣传，努力打造影响力。许多餐厅最初都生意惨淡，做了一些活动后，客流量明显增加。在所有广告模式中，传单的生命力最强，影响最大；店庆活动可以有效提高餐厅的知名度，增强餐厅的竞争力；在节假日推行促销活动，可以迅速增加客流量。除此之外，餐厅还可以推行特价菜促销和免费试吃活动等，逐步提升餐厅的影响力。

传单发放

如今，营销手段越来越多，推崇传单发放似乎有些不合时宜。其实，事实并非如此，在所有广告模式中，传单的生命力最强，影响最大。然而，有些人觉得发传单就是站在大马路上，见到路人就把传单塞到人手里，然后说一声"看一下吧"，是一个毫无技巧可言的简单工作。其实并非如此，发放传单是有一定技巧的，主要体现在以下两个方面：

1. 要注意传单的设计

发放传单的目的是让人阅读，而它的内容决定了是否有人愿意阅读。如今，许多餐厅为了让顾客了解餐厅，几乎把餐厅的一切信息都印在上面。站在顾客的角度考虑，每天上下班途中，要接五六份传单，每份传单上的字都密密麻麻的，让人看得眼睛都花了，更不可能仔细去看了。所以，设计传单是一项艺术，不能印上太多内容，引起潜在顾客的反感。

为了让顾客愿意接传单，设计传单时可以增添一些比较实用的内容，例如加上地铁线路图，或几则简短的幽默笑话，或列车时刻表，或比较有趣的新闻等。有些餐厅设计传单时喜欢在的外形上做文章，把传单设计成扇子的形式，在炎热的夏天为顾客送上一丝凉爽。设计广告内容时，不仅要考虑到餐厅的需要，还要考虑到顾客的需要，站在顾客的立场上设计广告。优秀的广告应该内容新颖，设计巧妙，具有一定的知识性，有足够的吸引力，给顾客留下一个好印象。这要求广告设计者要具备很高的广告素养，餐厅经营者要寻找实力雄厚的广告公司。

2. 选择正确的发放时间和地点

广告设计得好只是第一步，选择一个正确的发放时间也是非常重要的。在上下班的途中，我们经常可以看到一些派单员发放传单。在上下班的高峰期，路人行色匆匆，派单员却选择在这个时间段发放传单，效果是不好的。

此时，派单员辛辛苦苦往路人手里塞，使出浑身解数也没法把传单发出去，路人躲躲闪闪，离派单员远远的，仿佛派单员是恶魔一样。之所以出现这种现象，是因为行色匆匆的路人上班时都在着急往公司赶，没工夫接传单，更没工夫看传单；下班时累了一天，都忙着回家做饭、休息，没精力接传单，更没精力看传单。

那么什么时候适合发传单呢？研究发现，当一个人无聊时，喜欢找一些东西看，这个时候最适合发传单，是派单员发放传单的黄金时间。当一个人等车，或站在商场附近等人时，是最好的发放传单的时间。例如在上班高峰期，上班族不得不花费大量时间等待公交，此时派单员若能递上一张传单，就能大大提高传单的阅读率，而不是被上班族扔进垃圾箱里。

另外，吃饭前的等待时间也是发放传单的黄金时间，因为在这个时间段，大家没什么事做，比较无聊，希望中间出现一些小插曲，可以帮助自己打发时间。此时看看传单无疑就是在打发时间，所以很少有人会在这个时候反感派单员递上来的传单。

店庆活动

举办店庆活动是餐厅实力的一种展示，它可以有效提高餐厅的知名度，增强餐厅的竞争力，同时可以让餐厅的形象变得更好。不仅如此，店庆活动还可以提高全体员工的服务意识，让大家工作更积极，同时增强员工对餐厅的忠诚度，凝聚每位员工的向心力。

宋先生于五年前开了一家餐厅，为了回馈新老顾客，提升餐厅的知名度，他准备搞一个隆重的店庆。

宋先生让人在餐厅门前放置了一千多只气球，五彩缤纷的颜色瞬间吸引了顾客的目光。为了吸引更多的顾客，宋先生还请来一个舞狮队，餐厅门前顿时锣鼓喧天，热闹非凡。宋先生借此机会，当众宣布："今天是本店五周年店庆，非常感谢大家这么多年以来对本店的照顾。为了回馈新老顾客，本店从今天起，一个月内每天推出一道特色菜，一律半价销售，保证一个月内天天不重样。除此之外，一个月内，凡是在本店消费的顾客，无论消费额是多少，均享受七折优惠，而且可以参加抽奖活动，均有机会中大奖。"

另外，店庆期间，宋先生准备了许多T恤衫，T恤衫正面印着餐厅的名字和标志，背面则印着餐厅的地址，还准备了许多购物袋、雨伞等小商品，每一件商品上面都印着餐厅的名字、地址和订餐电话。为了扩大餐厅的影响力，提高餐厅的知名度，宋先生把这些小商品免费提供给在店庆期间前来消费的顾客。

店庆那天，前来就餐的顾客络绎不绝，不少人甚至排了很长时间的队等候就餐。不明就里的路人看到这一幕后，都想当然地觉得这家餐厅的饭菜很好吃，不然不会有这么多人排队等候就餐。

就这样一传十，十传百，这家餐厅的名声越来越响，人也越来越多，规模渐渐无法满足这么多顾客同时就餐。于是，宋先生只能扩大餐厅的规模，先后开了几家分店，而且每个店的生意都非常好。

在店庆时发放一些印着餐厅名字的小物品，既可以增强与客人之间的亲近感，赢得客人的信赖，又可以加大餐厅的宣传力度，提升餐厅的影响力。一件件小商品无疑是一个个广告标语，每一个拿到小商品的顾客都是餐厅的宣传大使，看似是铺张浪费的做法，实际上为餐厅节省了一大笔广告费用，用最小的代价打造餐厅的影响力。

如今是一个信息比较发达的社会，餐厅举办店庆活动时，可以有很多宣传方式，但是不能片面追求覆盖率，造成广告的浪费。投放广告时，要选择合理的方式，既符合自己的市场定位，又符合目标客户的定位。其中悬挂条幅就是一个不错的方法。举办店庆活动时，餐厅经营者要多准备一些条幅，可以悬挂在餐厅附近，也可以悬挂在其他人流量比较大的地方，例如商场、公交站牌附近。

那么，成功的店庆活动需要做好哪些准备呢？首先，餐厅要寻找一个策划能力比较强的人，设计出一个优秀的策划方案，然后让所有参加店庆活动的工作人员都了解策划方案，以便在策划方案的实施阶段做好配合工作，最后准备一套应急方案，以便店庆当天从容应对突发事件。总之，一个成功的店庆活动一定离不开充分的前期准备工作。

节假日促销

经常购物的朋友都很清楚，每逢节假日，各大电商都会争相推出一些促销活动。这些促销活动不仅提高了各大电商的知名度，吸引更多消费者的目光，同时也为各大电商增加了营业收入。无论是五一、十一还是中秋、春节，餐厅都可以效仿各大电商举办一些促销活动。

每逢节假日餐厅都会迎来一个营业高峰期，因为在节假日，许多公司都放假了，大家的空闲时间比较多，有足够的时间到餐厅消费。尤其是生活的压力让人喘不过气，紧绷的神经让人急促不安，都希望在节假日好好放松一下，释放平时的压力。因此很多人都有一个习惯，每逢节假日都想大吃一顿，放松一下。尤其是在中秋节和春节这种注重团聚的日子里，大家更希望一家人到饭店，坐在一起好好享受一顿美食。

然而，有的饭店生意火爆，需要提前半个月预定，而有的饭店却生意萧条，哪怕是节假日也招揽不到顾客。为什么会出现这种现象呢？

其实这取决于餐厅的两个最吸引顾客的因素，其中一个是可口的饭菜，另外一个是优惠的价格。无论是哪个行业，实惠永远都是最好的选择，餐厅也不例外，单有可口的饭菜还不够，不足以让餐厅在众多竞争中脱颖而出。同样道理，单有优惠的价格也不够，不足以成为招揽顾客的法宝。优秀的餐厅应该同时具备这两个因素，既让饭菜可口，又不至于让价格太高，超过消费者的承受能力。在节假日里，消费者看重实惠的价格，更看重餐厅内饭菜的质量。所以，餐厅经营者应该从这两个方面着手，为消费者提供既美味又便宜的饭菜。

再过几天就是七夕了，王先生的餐厅一切如旧，什么变化都没有，餐厅里的装饰还是平时的模样，餐厅里的菜品也是往日的菜品。就在这个时候，王先生的朋友李女士来到这家餐厅就餐，为了招待自己的好友，王先生特意准备了一桌好酒菜，还亲自作陪。

席间，李女士问王先生："马上就是七夕节了，你的餐厅怎么还是老样子？没想着装饰一下吗？"

王先生一脸诧异地问："装饰？装饰什么？七夕节和平时不一样吗？"

李女士说："不是吧？情人节你都不知道？真不知道你这餐厅这些年是怎么开的！"

王先生说："看来我外行了，只知道每年七夕那天我餐厅的生意都不怎么样，其他餐厅的生意却非常好，就是不知道是什么原因。今天听你这么一讲，我似乎找到答案了，原来这就是没有客人的原因。"

李女士说："现在的老年人都讲究浪漫了，别说那些年纪轻轻的小男生、小女生了，哪对情侣不想在七夕节浪漫一下啊？这是商机，你得把握住啊！"

王先生问："那我该怎么做呢？你刚才说装饰，我该怎么装饰呢？"

李女士说："你可以在餐厅门口打出'七夕套餐'的标语，多准备一些鲜花、气球、彩带，把店门口装饰漂亮一些。还可以举办一个活动，凡是情侣、夫妻在七夕节前来就餐，就可以享受折扣价。当情侣或夫妻前来就餐时，你可以送上一朵玫瑰，或者给他们拍张合照，装进相框里送给他们。"

王先生问："除了这些呢？还有别的吗？"

李女士回答说："这里面的学问大了，肯定不止这些。你店里面的小伙子、小姑娘这么多，完全可以给你一些好的建议，不如多向他们取经。"

于是，王先生组织员工开会，并向员工请教经验，大家你一言我一语，最后把所有意见都汇总起来，形成了最终方案。在大家的齐心协力下，餐厅的七夕活动举办得非常成功，不少情侣甚至在餐厅门前排起了长队等待就餐。

节假日具有强烈的主题，也具有很强的娱乐性，所以更能提高餐厅的营业额。那些精明的餐饮店老板经常把节假日商业化，在节假日推行促销活动，用这种方式极大地提升餐厅的影响力，同时使餐厅的营业额成倍上涨。这是每一位餐厅管理者都应该学习的经营方式。

特价菜促销

走在大街小巷，相信不少人都会被餐厅推行的特价菜促销活动所吸引，因为大家很奇怪，为什么平时这家餐厅推出的特价菜价格比其他餐厅便宜这么多？久而久之，大家心中就会认定这家餐厅的价格比其他餐厅便宜，平时选择餐厅就餐时更愿意到这家餐厅来。

其实，特价菜是一种促销方式，并不能证明一家餐厅推出的菜品价格便宜，大家之所以产生这种错觉，正是因为餐厅巧妙地利用了消费者的心理，故意误导消费者。有些精明的餐厅经营者经常使用这种方法，并收到了不错的效果。

李女士是一家餐厅的大堂经理，为了吸引更多顾客，提升餐厅的整体效益，她近期调整了一些菜品的价格。在这些菜品中有一道菜，叫鲤鱼焙面，是顾客平时最喜欢吃的，来餐厅消费的顾客往往都会点这道菜。这么受欢迎的菜，一般的经营者都会抬高价格，这也是合情合理的事情。可是，李女士竟然反其道而行，把这道菜的价格下调到原来的一半。来往的行人得知这个消息之后，觉得只需要花一半的钱就可以吃到平时喜欢吃的鲤鱼焙面，所以大家都争相来这家餐厅就餐。

其实，鲤鱼焙面的价格虽然便宜，但是一大桌子人进餐厅后不可能只吃一道鲤鱼焙面，更不可能连点几道鲤鱼焙面。一般情况下，大家首先点鲤鱼焙面，然后点一桌子其他菜，最后花费的价格反而更高。

李女士采用这种特价菜促销的方法，并不是要靠特价菜赢利，而是把特价菜当作一种招揽顾客的手段。事实上，鲤鱼焙面的销售价格已经低于成本价格，销售得越多反而对餐厅越不利，可是从另一个角度来讲，鲤鱼焙面销售得越多，其他菜品的销售量也就越大，餐厅的盈利自然就上来了。

为了推行这种方法，一些精明的餐厅往往把那些顾客关注度比较高的菜品价格定得非常低，甚至不惜低于制作成本价，用这种方式让顾客产生一种这家餐厅价格很低的错觉，从而提升餐厅的整体效益。

其实，特价菜不一定价格非常低，只要比平时稍低一些，既让餐厅有利可图，又达到揽客的目的，就已经是不错的结果。顾客心中对某些菜品已经形成一定的价位，餐厅可以采用薄利多销的策略，每日推行特价菜，用这种方法扩大销售量，提升效益。例如，其他餐厅的大盘鸡48元，为了在竞争中获胜，餐厅可以把大盘鸡的价格定为38元。特价菜便宜几块钱对餐厅来说不是什么大不了的事，但是对顾客的意义就不一样了，因为顾客吃饭看重的就是这种赚便宜的感觉。餐厅推出特价菜促销就是利用顾客这种爱赚小便宜的心理，让顾客得到心理上的满足。

另外，特价菜的选择有一定的技巧，首先并不是所有菜品都可以作为特价菜，选择特价菜时，要选择那些比较受欢迎的，因为受欢迎的菜才能得到更多人的青睐。顾客选择餐厅时，看到的不是餐厅内部菜品的价格，而是餐厅推出的特价菜的价格，往往会根据特价菜的价格猜想菜品的价格。

总之，只有顾客到餐厅消费，餐厅才能有盈利，才能维持餐厅的日常开销，所以，对于餐厅来说，顾客就是衣食父母，是餐厅主要的经济来源。在推出特价菜时，餐厅要把顾客的需求作为最先考虑的事情。经常注意观察细节，在顾客消费的过程中了解顾客的需求，只有可口优惠的特价菜才是顾客真正的需求。尤其是在当下，任何事物都处在变化之中，餐厅也不能一成不变。假如餐厅一直都是老观念，就会影响餐厅的销售量。正是因为这一点，餐厅才要把更多新的营销理念引进现代餐厅的经营活动中，如此才能保证餐厅在激烈的竞争中取胜。特价菜就是一个很好的营销理念，虽然顾客的喜好不同，但是没有哪位顾客反感特价菜，任何人都希望去经济实惠的餐厅消费。餐厅经营者应该尽量满足顾客的这种心理，如此才能把潜在顾客吸引过来，增加餐厅的营业收入。

免费试吃活动

饮食类产品比较独特，想要知其味，试吃是最好的选择，因此，餐厅想推出自己的菜品，最好让消费者免费试吃一下。这是一种最通俗的促销手段，也是一种效果最好的方法。比如刚推出一道新菜时，就应该开展免费试吃活动，一来可以检验这道菜的受欢迎程度，二来可以迅速推广这道菜，让更多消费者了解它。尤其是各大餐馆推出的菜种类繁多，让客人不知道选什么好，免费试吃活动可以吸引客人的目光，让客人在试吃的同时了解餐厅推出的菜品。

一家餐厅推出几道新菜，为了让新老顾客对新菜有所了解，就在餐厅门前举办了免费试吃活动。

促销台设计得十分精致，艳丽的颜色非常吸引人的目光。一名促销员把食物分成许多小碟，然后摆满整个促销台，旁边放了很多一次性筷子，等待路过的行人试吃。可是，从餐厅门前经过的人络绎不绝，却很少有人停下脚步。推销员看情况不妙，就把小碟拿在手上，试图向从餐厅门前经过的行人推销，可是行人很不配合，都拒绝了促销员，后面的行人甚至故意绕道躲避。促销员非常奇怪，本以为餐厅举办免费试吃活动对客人来说是一件大好事，可以免费吃到美食，真不知道客人是怎么想的，为什么送到嘴边的美食都不愿意接受呢？

眼看着免费试吃活动无法继续进行下去了，一位热心的老大爷走到促销员旁边，问促销员："小伙子，我看你们举行活动半天了，但是路过的行人都不配合，对吗。"

促销员连连点头，回答说："没错啊，真不知道大家是怎么想的，我们餐厅举办的是免费试吃活动，不需要大家花钱就可以品尝美食，难道大家都不想试一下？"

老大爷回答说："你们这个活动是挺好，但是举办的时间得变一下，不然不可能有人来试吃的？"

促销员问："变一下时间？为什么呢？"

老大爷回答说："原因有几点。第一，现在不是饭点，大家刚吃得饱饱的从家中出来，哪里还能吃得下去。你也知道，人只要吃饱了，什么胃口都没了，就算你免费提供山珍海味，也一样没人愿意吃。第二，你们的菜品只用小碟子盛着，没有罩上盖，来往的车辆掀起很多灰尘，许多都落在菜品上，这是很不卫生的，现在的人多注重卫生啊，谁愿意试吃落满灰尘的菜品呢？第三，你应该把口罩带上，最好把帽子带上，把工作服穿上，打扮得像个厨师，而不是穿着便装推销，一方面是因为这样让人觉得卫生、安全，另一方面是因为这样能证明你是这家餐厅的工作人员，而不是闲散人员借用餐厅的场地推销产品。总而言之，大家之所以不热衷于这个免费试吃活动是因为大家都不信任你，所以你最应该做的不是继续这样搞促销，而是想办法让大家信任你。"

促销员连连道谢，随即把老大爷的话转达给大堂经理，大堂经理迅速改变了免费试吃活动的推行时间，并且调整了免费试吃活动的推行方式，很快就迎来许多顾客，并取得良好的效果。

免费试吃活动是一个不错的促销方法，可是要站在消费者的角度考虑问题，这样才能让消费者接受餐厅的推行方式。如今的消费者是很挑剔的，大家都不愿因为贪小便宜而损害自己的健康，不愿意吃那些不值得信赖的食物。所以，餐厅经营者举办免费试吃活动时，要充分考虑到参与者的身体健康，保证提供的食物干净、卫生，打消参与者的顾虑。

推行免费试吃活动时，一定不能忽略几个因素。第一，不能忽略举办活动的场合、时间。第二，不能忽略菜品的质量，要确保菜品的干净、卫生。第三，试吃的菜品要符合当地消费者的喜好，不能违背大家的口味。第四，如果菜品不成熟，味道不稳定，最好不要举办促销活动，否则会影响餐厅的声誉。

第十七章
网络营销和外卖服务

　　21世纪是网络的时代，不懂网络营销必将错失许多机会。网络营销作为一种成本较低的营销手段，宣传效果并不比线下宣传差。利用网络营销，紧跟社会潮流，是每一位餐厅经营者都应该具备的能力。因为只有为顾客提供方便，让顾客感到满意的餐厅，才能获得较高的利润。因此，餐厅经营者要改变经营模式，多关注外卖服务，为餐厅实现最大化收益做出努力。

聊天软件宣传

随着互联网和手机的普及，聊天软件成为一种必不可少的宣传工具，比如QQ、微信、陌陌、YY等聊天软件。就拿最典型的聊天软件QQ来说吧，现在每一个人基本都有一个或多个QQ号，里面的好友或者是自己的亲朋好友，或者是与自己朝夕相处的同事，基本上都是自己了解的或者了解自己的人，餐厅经营者可以通过这些人脉为餐厅做宣传，定能收到不错的效果。

餐厅经营者可以经常往自己的QQ空间或微信朋友圈上传一些美食图片，顺便把餐厅的地址和餐厅的名称一并上传到QQ空间或微信朋友圈。通过这种方式，QQ或微信里的好友就会对经营者的餐厅有一个大致的了解，外出吃饭时照顾老朋友的生意，或者介绍自己的朋友到老朋友的餐厅。餐厅经营者千万不要忽略聊天软件里朋友的作用，因为这些朋友对经营者有了足够的信任后，就可以介绍自己的朋友到餐厅中消费，而朋友的介绍往往是最让人信赖的，因此比线下做活动的效果还好。

马先生开了一家餐厅，在经营的过程中，马先生使用的都是最传统的营销方式，只通过做活动的方式宣传自家的餐厅。虽然这种宣传效果不错，但是马先生发现活动费用是一笔不小的开支，于是决定节省开支，利用年轻人经常用的聊天软件宣传餐厅，招揽更多顾客。

　　不过马先生对网络一窍不通，更不用说利用聊天软件为餐厅招揽生意了。虽然有这个心，却不知道该从哪里下手，甚至连最基本的QQ聊天都不懂。一天，餐厅内只有寥寥数人，马先生看了看空空的餐厅，坐在收银台前唉声叹气。突然，店里来了一群年轻人，说是群主邀请他们来这家餐厅聚会。马先生听得一头雾水，不知道"群主"这个新名词是什么意思。不过，既然是有人来餐厅吃饭，那就好好招待吧，所以也没多想，就忙碌起来。

　　片刻之后，马先生的儿子马烨跑来问马先生："怎么样，今天的生意不错吧？"

　　马先生笑了笑说："真奇怪，往日的客人都只有几个，今天一下来了这么多人，早知道就多买点菜了，也不至于这么慌张。如果每天的生意都这么好，那就好喽！"

　　马烨说："放心吧！以后我都您找人吃饭，保证每天都这么多人，您准备好饭菜，别让大家饿肚子就行。"

　　马先生非常惊讶，问马烨："这些人都是你叫来的？"

　　马烨回答说："对呀，我就是群主啊。怎么样？数量还可以吧？"

　　马先生来了兴趣，连忙问："刚才我正想问呢，群主是什么意思？还有，这些人说是群主介绍来的，你是怎么做到的？"

　　马烨回答说："这就是我以前跟您说的聊天软件，除了QQ群外，还有许多聊天方式，都能帮您招揽生意，我以后慢慢教您。"

　　马先生终于意识到聊天软件的威力，连声说好，决心好好跟儿子学习利用聊天软件宣传餐厅的方法。

　　如今，网络已经越来越普及，不少商家开始把视线投向网络营销。开一家餐厅需要的宣传成本不是一个小数目，而利用聊天软件宣传却几乎不花钱，其宣传效果未必会输给传统的宣传方式，已经引起许多餐厅经营者的重视。

　　餐厅经营者可以多加一些QQ群，利用大家的友谊经常组织一些聚会。比如，可以组建一些同乡聚会群，或单身相亲群，或户外爬山群，或吃喝玩乐群等。群里的好友都是有共同爱好的人，有很多共同话题，业余时间一起到餐厅吃顿饭是在所难免的，所以是一个不错的商机。除了加一些QQ群外，也可以用QQ、微信等搜索附近的人，加上好友后经常联络感情，逐渐把这部分好友发展为餐厅的顾客。通过附近人的方式添加的好友往往距离不太远，所以是餐厅的潜在客户，很容易就能发展成餐厅的长期消费者。

二维码推广

如今，扫描二维码获取信息已经成为一种非常便捷的互动营销模式。各大商家把产品优惠信息引入后，消费者只需要扫描二维码就可以获得相关的信息。餐厅完全可以效仿这种模式，利用二维码进行推广、营销。

以二维码为基础，餐厅可以创造出多种营销方式，例如扫描二维码获取折扣信息、电子优惠券、WiFi密码等。其实，二维码的作用不止这些，一些餐厅为了方便顾客，甚至推出了扫描二维码获取菜单的活动，既改变了传统的纸质菜单形式，也为顾客点餐提供了便捷。

很多人去餐厅用餐时，不仅注重菜品的口味，还注重菜品的卫生。比如，菜品是否有添加剂，服务人员是否讲究个人卫生，后厨的卫生标准是否达标等。但是，作为一名普通消费者，怎么可能全程监控菜品的制作过程呢？如今，二维码技术让它变成了现实。通过某种技术，餐厅可以录制采购、做菜的过程，顾客只需要扫描二维码就可以观看视频，了解餐厅的基本状况。这样做可以增强客户体验，也有利于餐厅的口碑宣传。

王女士和朋友刘先生一起在一家餐厅用餐，她对刘先生说："咱们吃饭最关心的有两点，一个是菜品的味道和价格，一个是菜品和餐馆的卫生。"

刘先生赞同地点了点头，附和着说："没错，在我看来，卫生更重要一些。价格高最多破费一些，味道差还能容忍，卫生差却危害健康。"

王女士开玩笑说："就应该在餐厅工作人员身上装一个摄像头，他们买菜、做菜，我们都能看到。"

刘先生哈哈大笑，说："要是那样，餐厅工作人员岂不是每个人头上都要顶个摄像头？"

站在一旁的服务员听了，温柔地说："先生，女士，其实你们只需要扫描我们餐厅的二维码，就可以了解从采购到出菜的整个过程。有了这项技术后，虽然不能对工作人员实施监控，但是却可以让顾客用餐再也不用担心饭菜的卫生了。"

相信不少消费者到餐厅就餐，和王女士的心情都是一样的，都曾担心餐厅的卫生情况。其实，对于菜品的味道和价格而言，消费者更关心的是餐馆的卫生。通过使用二维码技术，把餐厅的基本信息展现在顾客面前，就可以赢得顾客的好评，提高餐厅的声誉。

不过，如何让顾客愿意扫描餐厅的二维码却是一个难题，这就要求餐厅经营者站在顾客的角度考虑问题，弄明白顾客希望通过二维码获取哪些信息。一项调查发现，扫描二维码获得的折扣信息最能吸引顾客主动扫描二维码，并且能让顾客心甘情愿地为餐厅做宣传。所以，想要提高顾客的扫码率，餐厅工作人员可以在顾客结账时告知顾客餐厅的活动，对他们说只需要扫描二维码，下次就餐时就可以享受优惠或折扣。

另外，餐厅可以提供无线WiFi上网，只要扫描二维码，消费者就不需要WiFi的账号和密码，直接自动连接。还可以通过二维码发布餐厅的促销活动，通过二维码平台赠送优惠券，并组织客户进行抽奖活动。总而言之，餐厅要站在顾客的角度考虑问题，充分利用二维码技术推广餐厅，提升餐厅的知名度。

团购营销

团购，就是团体购买的意思，也可以理解为集体采购。其实就是具有相同购买意向的零散消费者联合起来，加大和商家的谈判能力，从而获得最优惠的价格。目前，团购在北京、上海、广州等一线城市比较流行，其主力军集中在25～35岁。各大商家可以巧用薄利多销的经营模式，以低于市场零售价的价格让利于参加团购的消费者，从而提升整体效益。

一般来说，买东西时不懂得如何选择，对市场价格缺乏了解，不知道如何选材，以及买东西不懂砍价或不喜欢砍价的人，想节约购物资金，节约购物时间的人，都是团购网站争取的客户。对于餐厅来说，利用团购的低价策略是应对这类人群的最好办法。餐厅可以用低价策略吸引这类人群体验，再通过优质的服务把这类消费者转换成最忠诚的客户。

那么，什么样的餐厅适合做团购呢？

快餐型餐厅适合参与网络团购，原因是它的操作流程比较简单，便于控制，特别适合走薄利多销的促销模式。除此之外，那些提供套餐的餐厅也因为便于管理、操作而适合团购模式。如果是新开业的餐厅，可以通过团购营销迅速积聚人气，用最短的时间为餐厅做好宣传工作。餐饮业是一个竞争激励的领域，想要应对激烈的竞争，从众多竞争对手中脱颖而出，采用团购营销的方式是一个不错的选择。

一家新开张的烤鸭店，虽然味道比较好，但是知道这家店的人很少，所以生意不太好。为了在最短的时间内提高知名度，烤鸭店的老板和一家知名的团购网站合作，打出的标语是"扫描送烤鸭，精品烤鸭免费领取"。表面上看，这家烤鸭店的烤鸭是免费赠送的，实际上烤鸭店老板每送出一只烤鸭，都可以从团购网站那里得到一部分补贴。烤鸭店和团购网站互利共赢，提高了双方的知名度，迅速聚拢了人气。

烤鸭店老板使用团购营销的模式，没有做其他宣传，取到了良好的营销效果。在使用团购营销后，烤鸭店门前排起了长长的队伍，知名度不断提升。

自从团购兴起后，先后有许多餐厅加入进来，开始开展团购活动。因为团购不仅可以达到薄利多销的目的，还能扩大餐厅的影响力，提高餐厅的上座率，发掘潜在客户群，是餐厅获取更大利润的有效途径。

外卖服务

　　时代在发展，科技在进步，便捷、高效的快节奏生活方式悄然来到人们身边。作为一种新兴产物，外卖开始走进人们的生活。它以快速、便捷的方式很快赢得人们的喜爱。现代工薪阶层生活方式的转变，许多上班族习惯了网络点餐，这使得外卖行业更加蓬勃发展。

　　例如，在繁华的商业区，办公人员比较集中，需要大量工作餐供应。通常这样的地段外卖比较盛行，一方面是因为繁华的商业区都是黄金地段，在黄金地段驻守的餐厅运营成本高，所以饭菜的价格也相对高一些，而外卖则可以大大降低成本。另一方面，办公人员的收入水平有限，相对高昂的外出就餐费用，往往会选择价格相对低廉的外卖。

　　由此可见，外卖服务是餐厅增加营业收入的有效途径。然而有的外卖餐厅深受欢迎，配送人员有送不完的单子，有的外卖餐厅则几乎没有生意，配送人员无单可送。为什么会出现这种情况呢？其实，不外乎两个原因：其一，外卖的速度和服务的质量；其二，饮食的质量和价格。

　　总的来说以下几项内容影响着顾客对外卖人员和餐厅的好感度：

　　（1）送餐员服务态度不好。

　　（2）送餐员送餐速度太慢。

（3）饮食质量不达标。

（4）饮食价格太高。

例如，对于上班族来说，午餐的就餐时间非常短暂，如果等待外卖送餐上门的时间就花费半个小时，那么几乎就没有吃饭的时间了。所以说，餐厅送餐的速度直接影响餐厅的营业收入。

另外，送餐人员的服务质量也是顾客对餐厅做出评价的一个重要依据，送餐人员的服务质量不高，同样影响餐厅的营业收入。因此，餐厅经营者应该和那些服务质量比较高的送餐公司合作，只有这样才能保证给顾客一个好的体验。如果是餐厅自行组建的送餐团队，就要加强对送餐人员的业务培训，提高送餐人员的服务质量，让送餐人员高效地完成送餐工作。

送餐的速度和送餐人员的服务质量固然重要，但饮食的质量和价格也不可忽视，否则会直接影响顾客后续是否继续选择同一家餐厅订外卖。餐厅不要存有侥幸心理，觉得叫外卖的顾客都是一些不注重质量的人，可以在饮食的质量上打个折扣。甚至是让顾客支付高昂的送餐费，而把饮食的价格上调得非常高，可是顾客却不愿意吃这个哑巴亏。就像淘宝购物一样，那些免运费的往往成为顾客的首选，餐厅的外卖服务也是同样道理，如果也能免配送费，肯定能赢得更多人的认可。

如今，顾客对食品的原料品质和卫生质量越来越看重，因此餐厅的外卖服务一定要改变模式，增加开放性和透明度，欢迎顾客监督审查。外卖服务重在服务质量，只有赢得顾客的信赖，才能得到顾客的认可。随着顾客对饮食卫生的重视，那些高度透明的餐厅必定会成为深受顾客欢迎的订餐点。

第十八章
跨界促销多联合商家

如今，许多商家都非常青睐跨界促销，因为跨界促销可以降低营销成本，使营销的效率大幅度提高。同时，跨界促销还可以利用合作方的优势资源，让自己的优势更为明显。一般来讲，商场超市、支付软件公司、电影院、旅行社、银行等商家，都可以成为餐厅的合作伙伴，让餐厅实现跨界促销、互利共赢的目标。

与超市合作

不少餐厅经营者都有一个错误的观念，觉得餐厅和超市是两个八竿子打不着的领域，不可能建立合作关系，应该各自经营，互不干涉。这些人固执地认为，吃饭就得去餐厅，购买食材就得去超市。

假如餐厅经营者依然持有这种陈旧的观点，不懂得用变革的眼光看待事物的发展，无疑是在错失大好机遇。如今，实体商业逐渐同质化，提供的产品和服务已经进入了瓶颈期，很难有所提高。在这种大环境下，餐厅经营者应该与超市合作，让消费者改变对餐厅的印象，并从中得到更好的体验。

提起餐厅与超市合作经营，就不得不说EATALY。第一家EATALY于2007年坐落在意大利北部城市Turin，其创始人是意大利商人Oscar Farinetti，定位是高端超市和高端餐厅。

第一次来到EATALY的人也许会非常惊讶，不知道这到底是一家超市还是一家餐厅。不仔细看，会觉得这是一家超市，因为这里到处都摆放着新鲜的食材。但是，观察比较细致的人会发现，这家超市里有厨房、餐桌、厨师和服务员，竟然是一家餐厅。

其实，这既是一家超市，又是一家餐厅，准确地说，这是一家超市餐厅。

在这个地方，顾客可以像在超市一样直接购买食材回家烹饪，也可以像在餐厅一样坐下享用美食。

EATALY既有超市的属性，又有餐厅的属性，把两个属性巧妙地结合在一起。其门店布置非常特别，厨房刚好位于超市的旁边，所以厨房里的食材能保证绝对的新鲜。同时，由于厨房就在超市里，所以顾客可以观看大厨演示饭菜的做法，可以买食材按照大厨的演示自己做。

此外，这家超市餐厅里的所有陈列区都设有用餐处，既满足顾客挑选食材回家烹饪的需求，又满足顾客在现场让厨师烹饪后直接享用的需求。除了陈列区和用餐处，这家超市餐厅还为顾客设置了咖啡区、电视和书吧。这家超市餐厅不只满足顾客的这些需求，还根据不同年龄层次的客户开办了烹饪课，例如葡萄酒的品鉴及存放课程，意大利的传统烹饪课程等。还通过亲子互动、DIY互动，厨师与顾客互动的方式来选购商品，制作、品尝美食，凭借周到、细致的服务赢得许多顾客的青睐。

这种超市餐厅富有创意，让超市和餐厅互相利用对方的客源，发掘更多潜在客户，实现盈利最大化，具有双赢的效果。其实，这种超市餐厅的模式已经不新鲜，中国也有类似经营模式的餐厅。

深圳饕客海鲜餐饮于2013年在蛇口海上世界创立TAKE海鲜超市餐厅。这家餐厅把零售的超市和餐厅运营模式相结合，在店里设有厨房和厨师，也有众多可供选择的海鲜和其他商品。从表面上看，它就像一个零售海鲜的超市，一应设施都是超市模式的零售采购区，货架上摆放着沙拉、寿司和海鲜等。仔细观察，可以发现这是一家餐厅，提供的食物大多数是冷食，还提供少量的热食，例如牛扒等食物，由餐厅服务员现场烹饪。顾客只需要挑选食材，然后坐在座位上等候。

TAKE海鲜超市就是凭借这种独特的经营方式，在2013年迅速开了8家分店，用了短短一年的时间就迅速占领了海鲜餐饮市场，并且规模增加到50多家。一个200平方米的店面日流水达到十几万。

超市餐厅给了顾客不同的体验，既可以像超市一样购物，又可以像餐厅一样吃饭，是超市和餐厅的混合体。餐厅经营者可以学习这种思路，主动联系大型超市，与超市建立合作关系。

引进支付软件

随着移动支付的发展，如今，各个商家为了招揽顾客，方便顾客用手机支付，都已经使用支付软件。大到像德克士和麦当劳这样的连锁公司，小到在街边卖煎饼果子的小商贩，都已经支持用户用支付软件付款。

可以说，支付软件的盛行，已经深深地影响了各行各业，餐饮业也不例外。随着支付软件在商业领域的普及，许多餐饮业开始紧跟潮流，引进支付软件。

全球零售食品服务业龙头麦当劳将与支付宝公司合作，逐步引进支付宝，并进驻支付宝商家频道。除此之外，双方还会在数据层面上展开深度合作，利用大数据打造线下餐饮向"互联网+"升级的经典案例。

麦当劳和支付宝的合作重点不止支付接入，还有门店选址和大数据等方面。在支付宝大数据技术的支持下，麦当劳将实现向数据技术的转变；在麦当劳的帮助下，支付宝将掌握线下商户和生态，完善自己的平台和技术。可以说，这是一个经典的跨界合作案例，是互联网和餐饮业合作的典范。

传统餐厅选址时只能依据某个地段的客流量大小，却无法精准获悉该地段客户的年龄大小，也不知道该地段客户的饮食习惯。这种选址可能导致偏差太大，表面上看客流量非常大，但是实际上并不是餐厅的目标客户群。为了解决这个问题，支付宝公司可以使用数据罗盘，通过数据分析判断某个地段的客流量大小，并精准获悉该地段客户的年龄大小，以及该地段客户的饮食习惯。有了支付宝公司的数据罗盘，麦当劳的选址将更加精确、更加科学。

餐厅引进支付软件后，顾客在餐厅就餐时，只需要让收银员扫描一下支付宝二维码就可以完成付款过程，前后不过几秒钟。相比现金支付方式，使用支付宝支付不需要准备现金，甚至不需要找零，自然不会出现假币的问题，为客户省去了不少麻烦，同时也提高了餐厅收银员的工作效率。

支付软件种类比较多，比较有代表性的有支付宝、财付通以及微信等。下面重点介绍一下微信支付在餐厅的运用。

首先，开通微信服务号和财付通账号，然后进行对公认证，最后申请微信支付。这些步骤是为了保障商家具备最基本的微信支付收款功能，不过还不能在线下场景中应用。为了在餐厅的收银体系中加入微信支付这个环节，可以和微信的相关业务公司合作，升级餐厅里的POS机系统，使餐厅的收银体系具有微信支付的功能。除此之外，餐厅经营者还要做好餐厅收银员的培训工作，让收银员学会这种新型的收银方式。

升级餐厅里的POS机系统虽然方便，但是需要一笔不小的费用，所以餐厅经营者还可以使用另外一种方法。这种方法不需要升级餐厅里的POS机系统，也不需要做好收银员的培训工作，只需要商家开通微信支付，然后在这个功能的基础上，把一个硬件盒子接入到餐厅的POS机上，就可以在结账小票上出现结账的二维码。

餐厅引进支付软件，可以帮助餐厅招揽更多顾客，把那些习惯使用支付宝、财付通、微信支付等支付软件的年轻顾客吸引过来。所以，餐厅经营者应该改变传统的收银模式，和支付软件公司合作，积极引进支付软件。

与电影院联手

　　繁忙的工作结束后，和朋友一起吃饭、看电影，是一个不错的休闲娱乐方式，也是提升生活品质的绝佳选择。一般来说，看电影和吃饭常常联系在一起要么是看完电影饿了需要就餐，要么是吃完饭去看电影。所以，在餐厅就餐的顾客可能是电影院的潜在顾客，而在电影院看电影的顾客也可能是餐厅的潜在顾客。所以，餐厅可以在附近选择一家电影院，和电影院联手，创造更多营业收入。

　　其实，餐厅和电影联手的消息比比皆是，比如豪客来牛排和大众影院联手，圣杰士比萨餐厅和金逸影城联手，这些新闻都引起消费者的关注。不久前，圣杰士比萨餐厅推出一项活动，凡在圣杰士比萨餐厅点鸡翅的顾客，都可以免费获赠一张金逸影城的10元代金券。为了帮助电影院做好宣传工作，圣杰士比萨餐厅在餐厅门口悬挂电影院的海报。

　　一家电影院附近聚集了许多餐厅，每一家餐厅都有一定的优势，水平可以说是不相上下。这让刘先生特别苦恼，因为他开的这家餐厅离电影院的距离比较远，从电影院走出的顾客很少有人愿意跑这么远就餐，而是选择一家离电影院比较近的餐厅。如果刘先生不想个办法改变这种局面，在和其他几家餐厅的竞争中就只能处于劣势，对餐厅的经营非常不利。

为了改变这种局面，提升餐厅的营业收入，刘先生四处请教经验。皇天不负有心人，他终于遇到一位开餐厅的行家。

刘先生的朋友说："不知道你是否观察过，中国移动和中国联通等通信运营商，还有招商银行和建设银行等各大银行，无一例外地与许多商家联手，已经涉及各行各业，比如酒店、景区、餐厅、咖啡店、汽车销售店、商场等。我建议你效仿这些商家，寻觅一个合作伙伴，这样就能在竞争中获胜。"

刘先生来了兴致，好奇地问："合作伙伴？我该和谁合作呢？"

刘先生的朋友回答说："你可以和电影院合作，这样既增加了你的餐厅里的客流量，又削减了其他餐厅里的客流量，你这种距离电影院比较远的劣势也就可以弥补回来了。"

刘先生接着问："我该怎样和电影院合作呢？如何才能吸引看电影的人来我的餐厅消费？"

刘先生的朋友回答说："你希望在电影院看电影的人到你餐厅里就餐，电影院也希望在你餐厅里就餐的人去电影院看电影。你可以充分利用这一点，和电影院相关负责人好好商议一下，可以帮他们做宣传，在餐厅门口放一些电影宣传海报，并写上'凡在本店就餐的顾客，购买电影票一律七折优惠'或者写上'凡持合作电影院电影票来本店消费的顾客，均享受七折优惠'。"

刘先生心有疑虑，问朋友说："打七折是不是力度太大？我担心这样利润太少，餐厅赚不了多少钱。"

刘先生的朋友回答说："这个你不用担心，等餐厅的知名度提升了，顾客养成习惯了，你再把价格提上去，到时就算只打九折，一样会顾客盈门的。现在不要考虑这么多，最重要的是提升餐厅的知名度，尽量多招揽顾客。"

刘先生采纳了朋友的意见，店里的生意果然好了许多。

如今，许多商家都非常青睐跨界促销，因为跨界促销可以降低营销成本，使营销的效率大幅度提高。同时，跨界促销还可以利用合作方的优势资源，让自己的优势更为明显。虽然跨界促销能提升餐厅的经济效益，但是并非任何商家都能和餐厅联手，选择合作伙伴时，餐厅要考量商家具备的优势资源。首先，餐厅要看一下商家和自己的目标客户有多大程度上的重叠，因为联合促销讲究的是互惠互利，只有建立在双赢的基础上，才能保证合作关系一直维持。其次，餐厅要选择诚信度比较高的商家，这样才不会出现纠漏。

电影院和餐厅的目标客户重叠度比较大，双方可以互相利用优势资源。电影院和餐厅的联手是否能取得成功，关键在于双方能否针对某个特定的消费群体，能否实现资源互补。对餐厅经营者来说，如果能和电影院达成令双方都满意的协议，不妨大胆地进行联手促销。

与旅行社合作

　　旅游业被称为"永远的朝阳产业"，它和汽车业、石油业被列为世界三大产业。改革开放以来，中国的旅游业发展迅速，随着市场经济不断发展，人民收入水平不断提高，人们对旅游消费的需求将进一步上升。餐厅经营者要开阔视野，提高认识，把握这个大好机遇，与旅行社展开合作，实现互利共赢。

　　有人说，餐饮业没有秘密可言，全靠人多。的确，人们吃饭都有一个从众心理，哪人多去哪吃，这在餐饮业已经不算秘密。如果有两家同样级别的餐厅竞争，一家按照常规模式经营，一家长期和旅行社建立合作关系，为众多旅客提供餐饮服务，其结果可想而知。虽然与旅行社合作时，餐厅要把一部分利益分给旅行社或导游，但是整体来说餐厅还是盈利比较多。因为旅行社长期为餐厅输送客源，无疑是在给餐厅送钱。

　　可见，餐厅与旅行社合作具有非常重大的意义，不过寻找适合的旅行社却不是一件容易的事。作为餐厅经营者，应该多在网上搜索可以合作的旅行社，或者直接去各大旅行社找相关负责人谈合作，甚至可以直接去旅游景点和导游联系。一旦遇到有合作意向的旅行社，可以通过返利的形式和旅行社建立长期合作关系，并帮助旅行社在餐厅内做好旅行社的宣传工作。团队餐的利润很大，餐厅可以和旅行社协商具体的分利方式，签订合作协议书，然后按年或季度分给旅行社一定的利益。

虽然和旅行社合作是一个不错的经营模式，但这并非适合所有餐厅。餐厅经营者想要和旅行社合作，首先要明白旅行社接待的客户处于哪个经济层次，然后根据客户的经济层次判断自己的餐厅是否与之相匹配。一般情况下，旅行社接待的游客消费级别属于中下等级别，高档餐厅是不符合的。当然，不排除部分游客的消费习惯级别比较高，如果有条件，高档餐厅也不妨争取一下，创造更多可能性。

另外，那些太低端的餐厅也不适合与旅行社合作，因为游客对餐厅的满意度直接影响旅行社后期的营业收入，太低端的餐厅会损害旅行社的声誉。同样道理，餐厅选择旅行社时也要擦亮眼睛，选择那些讲信誉的正规旅行社，否则会损害餐厅的名声。

餐厅与旅行社合作时，为了避免在权责划分上出现摩擦，可以签订一份书面协议，在协议中商定双方各具有什么样的权利和义务。协议的具体条款可以包括以下内容：

1. 餐费标准

餐费标准可以分为经济餐、标准餐和豪华餐等几个等级，饭菜的级别不同，游客需要付出的费用也不同，给旅行社的返利自然要随之变化。另外，游客需要支付的费用可以按人数划分不同档次。例如可以按照50人以上7折、10~49人8折、1~9人9折的标准规定餐费。还要规定导游和司机的用餐标准，是否免费提供等。

2. 酒水服务

餐厅和旅行社可以在协议中明确规定餐厅可以向顾客提供的酒水类别，并注意把每一种酒的具体价格明确记录在协议中。签订协议时，餐厅经营者应该附加一条：若酒水的市场价格有变动，餐厅有权调节酒水价格，具体的调动幅度以双方商议为准。

3. 权责划分

餐厅经营者可以在协议中表明，如果在双方合作的过程中，因其中一方出现违规操作，侵犯双方合法权益的，应当由违规方弥补对方损失。如果一方出现违法行为，侵犯游客权益的，将由违法一方独自承担法律责任，不追究另一方的连带责任。

4. 结算

餐厅经营者可以和旅行社约定结算方式和结算时间等，避免在结算上发生争议，破坏餐厅与旅行社之间的合作关系。

与银行合作促销

如果你经常到呷哺呷哺吃小火锅，就能听到工作人员对你说："如果您持有××银行的信用卡，可以优惠。"其实，这是呷哺呷哺和××银行进行的合作。

为了提高呷哺呷哺的品牌影响力，让更多人来就餐，呷哺呷哺经常和银行建立合作伙伴关系，凡持有规定银行的信用卡，到呷哺呷哺就餐都可以享受优惠政策。

其实，与银行合作并非呷哺一家，外婆家也曾经发布一条消息：即日起，每逢周五，顾客持××信用卡到外婆家消费可以享受半价优惠。这让外婆家的客流量异常火爆，每次去吃饭几乎都要排一个小时的队。这么火爆的餐厅，竟然也加入了信用卡打五折的促销活动，这让人想不明白其中的原因。不少人都问："这家餐厅已经这么火爆了，为什么还和银行合作搞促销活动呢？如此一来，损失的营业额谁来补呢？"

其实，所谓的半价并不是一切产品都半价，而是仅限于个别套餐，刷卡就可以统统享受半价优惠的想法是不可能实现的。外婆家之所以要与银行合作促销，目的有两个：其一是向商场学习推广，和银行合作赚取人气，加强品牌宣传；其二是回馈客户，让顾客享受实惠。

一位餐厅经营者说:"我们这家餐厅的生意一直不太好,平时每天的客流量不足百人,自从和银行合作,共同开展促销活动后,客流量不断攀升,几个月来已经上升了50%。虽然开展这种活动需要投入很大的成本,但是用一些钱换取客流量的增加,我觉得还是值得的。其实,银行和餐厅合作促销并不是首创,这种模式已经应用于商场的推广上。"

不过依旧有些餐厅经营者担心餐厅的损失太大,所以不敢和银行合作促销。其实,餐厅经营者可以和银行事先讲好条件,约定一个补偿方案。从表面上看,餐厅要让利给消费者,实际上银行可以补偿餐厅的这一损失。也就是说,餐厅经营者没必要把打折促销想象得那么惨,完全可以和银行好好谈,签订一个令双方都满意的协议。

总之,面对餐饮业激烈的竞争,与银行合作促销能给自己带来很大利益,同时也能为银行带去很大利益。合作促销可以增加餐厅和银行的客户量,餐厅和银行从这些新增的客户上创造的营业收入,往往比餐厅和银行合作促销的付出高出很多。因此,餐厅经营者应该积极推进餐厅与银行之间的合作促销,为餐厅创造更多的营业收入。

餐厅经营管理学习方法

所谓"入门容易做好难"，无论做什么生意，都不是一件容易的事情，必须抱着学习的态度，明白"没有最好，只有更好"的道理。经营管理一家餐厅也是同样的道理，只有不断学习，借鉴他人的成功经验，总结他人的失败教训，才能获取更多新知识，逐渐让自己变得经验丰富。

俗话说："一口吃不成一个胖子。"学习是一个循序渐进的过程，从没有任何经验到什么都了解一点，再到领域里的专家，需要餐厅经营者戒骄戒躁、步步为营。正所谓"贪多嚼不烂"，急功近利是不可取的，学习餐厅经营管理不宜贪多，而应该各个击破。

学习餐厅经营管理最忌讳的是纸上谈兵，只注重理论却不注重实践。餐厅经营者应该理论与实践并重，以理论指导实践，以实践修正理论，使理论与实践相辅相成。纸上谈兵学来的只是花拳绣腿，如果不结合实践，不仅不利于餐厅的经营管理，还会给餐厅带来危机。

"三个臭皮匠顶一个诸葛亮"，所以学习餐厅经营管理的过程中，要多向他人请教，向行家里手学习。一个人的智慧是有限的，无数人的智慧是无穷的；一个人的知识是微弱的，无数人的知识是强大的。餐厅经营者应该向开餐厅的前辈多请教经验，博采众长。

知识在不断更新，信息在飞速发展。这就要求学习餐厅经营管理的人有一颗与时俱进的心，跟上新潮流，学习新知识，不断更新自己的管理知识，提高经营餐厅的水平。餐厅经营者切忌故步自封，止步不前。

餐饮行业竞争激烈，学习餐厅经营管理的人不可总是慢人一步，而是要具有创新精神，不断尝试，站在新事物的最前端。学习是经营管理一家餐厅的基础，而创新则是经营管理一家餐厅的升华。学习毕竟是步人后尘，而创新却是在开拓进取，注重创新的人方能做餐饮领域的"领头羊"。